***ACCESO GRATIS** a la Lectura en la Nube*

Para visualizar el libro electrónico en la nube de lectura envíe junto a su nombre y apellidos una fotografía del código de barras situado en la contraportada del libro y otra del ticket de compra a la dirección:

ebooktirant@tirant.com

En un máximo de 72 horas laborables le enviaremos el código de acceso con sus instrucciones.

La visualización del libro en **NUBE DE LECTURA** excluye los usos bibliotecarios y públicos que puedan poner el archivo electrónico a disposición de una comunidad de lectores. Se permite tan solo un uso individual y privado.

INSTRUMENTOS SUCESORIOS MÁS ALLÁ DE LA LEGÍTIMA

Procedimiento de selección de originales, ver página web:
www.tirant.net/index.php/editorial/procedimiento-de-seleccion-de-originales

INSTRUMENTOS SUCESORIOS MÁS ALLÁ DE LA LEGÍTIMA

María José Reyes López

tirant lo blanch
Valencia, 2024

En caso de erratas y actualizaciones, la Editorial Tirant lo Blanch publicará la pertinente corrección en la página web www.tirant.com.

El presente libro ha sido realizado en el marco del Proyecto de Investigación: "Criterios interpretativos de la reforma del Código Civil en materia de discapacidad (REFDIS)·, CIAICO/2023/024, financiado por la Consellería de Educación, Universidades y Empleo de la Generalitat Valenciana, cuyos investigadores principales son los profesores José Ramón de Verda y Beamonte y María José Reyes López.

EDITA: TIRANT LO BLANCH
C/ Artes Gráficas, 14 - 46010 - Valencia
TELFS.: 96/361 00 48 - 50
FAX: 96/369 41 51
Email: tlb@tirant.com
www.tirant.com
Librería virtual: www.tirant.es
DEPÓSITO LEGAL: V-571-2025
ISBN: 978-84-1095-288-1

Si tiene alguna queja o sugerencia, envíenos un mail a: *atencioncliente@tirant.com*. En caso de no ser atendida su sugerencia, por favor, lea en *www.tirant.net/index.php/empresa/politicas-de-empresa* nuestro procedimiento de quejas.

Responsabilidad Social Corporativa: http://www.tirant.net/Docs/RSCTirant.pdf

A Vicente

Contigo cierro el círculo que empezamos juntos

Índice

Abreviaturas

BOCG. Boletín Oficial de las Cortes Generales.

CC. Código Civil.

CE. Constitución Española.

CEDH. Convenio Europeo de Derechos Humanos (Convenio para la protección de los derechos y libertades fundamentales del Consejo de Europa, hecho en Roma, 4 de noviembre de 1950).

CNY. Convención sobre los Derechos de las Personas con Discapacidad, hecha en Nueva York, el 13 de diciembre de 2006.

DA. Disposición Adicional.

DGRN. Dirección General de los Registros y del Notariado.

DT. Disposición Transitoria.

E. de M. Exposición de Motivos.

LEC. Ley de Enjuiciamiento Civil.

LJV. Ley 15/2015, de 2 de julio, de la Jurisdicción Voluntaria.

LN. Ley del Notariado.

LO. Ley Orgánica.

LPPPD Ley 41/2003, de 18 de noviembre, de protección patrimonial de las personas con discapacidad.

p. Página

pp. Páginas.

RCDI. Revista Crítica de Derecho Inmobiliario.

RDP. Revista Derecho Privado.

RDGRN Resolución Dirección General de los Registros y del Notariado.

RN. Reglamento Notarial.

SAP. Sentencia de Audiencia Provincial.

ss. Siguientes.

SSTS. Sentencias del Tribunal Supremo.

STC. Sentencia del Tribunal Constitucional.

STEDH. Sentencia del Tribunal Europeo de Derechos Humanos.

STJUE. Sentencia del Tribunal de Justicia de la Unión Europea.

STS. Sentencia del Tribunal Supremo.

STSJ. Sentencia Tribunal Superior de Justicia.

TC. Tribunal Constitucional.

TEDH. Tribunal Europeo de Derechos Humanos.

TJUE. Tribunal de Justicia de la Unión Europea.

TSJ. Tribunal Superior de Justicia.

TS. Tribunal Supremo.

I. Mecanismos instrumentales en derecho sucesorio más allá de la legítima

1. PLANTEAMIENTO DE LA CUESTIÓN

La finalidad de esta monografía se centra en el análisis de las instituciones sucesorias que han supuesto unas medidas que han conseguido, si bien parcialmente, soslayar alguno de los graves inconvenientes que presenta el modelo previsto en el Código civil, basado en el sistema de legítimas que, en muchas ocasiones, supone un lastre para las personas asentadas en las CCAA que no tienen competencias para desarrollar un derecho civil propio, como es el caso específico que sucede, entre otras, en la Comunidad Valenciana, a diferencia de aquellos territorios que se rigen por un derecho foral propio, que impide, en ocasiones, que la voluntad del causante no pueda verse satisfecha por la imposición de este rígido y desproporcionado sistema en la actualidad.

La regulación del fenómeno sucesorio en España sigue permaneciendo prácticamente inalterable desde su plasmación normativa en el Código civil, tanto en su sistema, como en los rasgos que lo definen, a pesar de las muchas, aunque insuficientes, reformas operadas en este ámbito, que han supuesto que más de la cuarta parte de sus disposiciones no coincidan con el texto originario promulgado en 1889.

Sin embargo, diversos factores obligan a replantear si esta falta de revisión anclada en un sistema que se presenta como poco acorde con la realidad actual, es acertado y, si sería conveniente afrontar una reforma del derecho de sucesiones, particularmente en los aspectos referidos a la libertad de testar y a la posibilidad de admitir la estipulación de determinados pactos sucesorios, con el fin de impedir el fraccionamiento de patrimonios que requieren mantenerse indivisos y aconsejan realizar en vida una justa y proporcionada distribución de los bienes entre los herederos.

El derecho sucesorio recogido en el CC, cuyas raíces se encuentran asentadas en el derecho romano, atiende a un modelo de sociedad y a unas necesidades que no se corresponden con las actuales y que hace deseable un cambio de regulación que refleje los cambios operados sobre el modelo de familia, al tiempo, que dé respuesta al envejecimiento de la población y al sistema de valores que han ido cambiando la percepción del derecho de propiedad basado en un sistema liberal al de un modelo social, que ha reforzado las funciones asistenciales del Estado.

El sistema sucesorio español se cimienta en el sistema de legítimas; esto es, en la necesidad de dejar a los descendientes o ascendientes más próximos un tercio de la herencia del causante, del que no puede disponer, a lo que se suma otro tercio que solo puede recaer sobre aquellos, decidiendo consecuentemente el de cuius solo del tercio restante de libre disposición para satisfacer su libre albedrío.

El sistema legitimario del Código Civil constituye un conjunto de limitaciones a la libertad dispositiva del causante para que satisfaga el derecho que tienen determinados parientes a obtener de su herencia unas atribuciones patrimoniales en bienes hereditarios mayormente en situaciones en las que el testador tiene uno o varios hijos con discapacidad.

Familia y herencia siempre han estado muy unidas entre sí proyectándose en la legítima como instrumento de protección de los miembros que la constituyen. Tanto es así que, actualmente se ha propuesto su sustitución por aquellos que defienden la libertad de testar por el causante, tomando como referencia el recurso ya contenido en el proyecto de CC de Cambronero de 1836, que preveía en su art. 2266 su reemplazo por el derecho de alimentos para los familiares necesitados, pasando este recurso a quedar recogido en la ley de bases de 11 de mayo de 1888, en el derogado art. 845 CC, por la Ley 11/1981, de 13 de mayo y en el art. 964 CC, si bien únicamente referido a la viuda que al fallecer su marido se encontrase en situación de encinta[1]. Sin embargo, las diferencias entre ambas figuras son notables. La naturaleza de la legítima va intrínsecamente unida al concepto y modelo de familia y dentro de esta al parentesco con total independencia de la necesidad que tenga el titular del derecho a ella mientras el derecho a alimentos requiere la necesidad del alimentista como requisito indispensable para que produzca sus efectos.

Este sistema, desde sus inicios en unos casos o, por razón de las reformas que han tenido lugar, ha sido cuestionado, al mismo tiempo que convive con preceptos que actualmente no respetan con el mismo rigor el sistema legitimario, abriendo así una brecha que apunta a la necesidad de un replanteamiento del sistema vigente.

Los argumentos expuestos deben finalmente complementarse con el criterio sostenido por parte de la doctrina del carácter no constitucional de las legítimas que avala el criterio de que, tan constitucional puede considerarse un sistema legitimario, como uno basado en la libertad del testador.

---

1 TORRES GARCÍA, T.F. "Legítima. Legitimarios y libertad de testar (síntesis de un sistema)", *Derecho de Sucesiones. Presente y futuro,* XII Jornadas de la Asociación de Profesores de Derecho Civil, Servicio de Publicaciones de Murcia, 2006, pp. 173- 227.

2. EXCEPCIONES

Las excepciones contenidas en el propio código civil persiguen primordialmente proteger la situación patrimonial de determinadas personas que requieren una protección especial por encontrarse en situación de discapacidad o para reforzar la posición del cónyuge viudo.

Mención aparte requiere también el testamento del empresario familiar que hace más de veinte años vio modificado su tenor literal con la finalidad de contribuir a la permanencia de la empresa familiar posibilitándole que pueda dejar indivisa su explotación económica o mantener el control de una sociedad de capital o grupo de éstas facilitando el pago en metálico a los restantes legitimarios.

Esa fue precisamente la primera medida de reforma que se adoptó en 2003 con la LRLNE, que modificó el art. 1056.1 CC. Posteriormente también el art. 831 CC ha sido objeto de dos modificaciones: la primera por el art. 4 de la Ley 11/1981, de 13 de marzo y art. 10.6 Ley 41/2003, de 18 de noviembre. Igualmente se modificó el art. 808 CC, también reformado por el art. 4 Ley 11/1981, de 13 de mayo; la ley 41/2003, de 18 de noviembre y el art. 2.39 de la Ley 8/2021, de 2 de junio, así como el art. 822 CC, con la finalidad de ofrecer un reforzamiento a la protección de las personas con discapacidad.

Junto a estas medidas se ha incrementado el número de testamentos que tienen la finalidad de favorecer al cónyuge viudo con carácter incluso prevalente respecto a los hijos al objeto de mejorar su posición. Se plantea así la necesidad de reformar el sistema normativo en cuanto al orden de suceder y la porción de su legítima, ampliando con ello la libertad de disponer del causante.

Paradójicamente además como señala Blasco Gascó[2], la legítima nunca ha tenido una función asistencial, como lo demuestra el hecho de que se atribuye a los legitimarios por partes

---

2 BLASCO GASCÓ, F. DE P., Instituciones derecho civil. Derecho de sucesiones. Tirant lo Blanch, 2022, p. 200.

iguales y sin tomar en consideración el caudal o la fortuna de los legitimarios. Esta función asistencial tampoco es predicable de la mejora, la cual, sin embargo, sí ha cumplido una función remuneratoria en aquellos casos en que se mejora al hijo o a la hija que ha quedado en casa al cuidado de los padres.

De otra parte, como recoge el derecho autonómico, lejos de lo que pudiera pensarse, el testamento no es el único instrumento hábil para preservar la voluntad del causante. Como demuestra el reconocimiento por parte de las diversas comunidades autónomas de los pactos sucesorios, estos posibilitan al causante disponer del mayor número de instrumentos para articular su voluntad.

Dicha exclusión, lejos de ser una ventaja, se presenta como un lastre a la libertad del testador al que entorpece su facultad de atribuir determinados bienes. De forma particular, también constituye un grave obstáculo para la conservación y transmisión de la empresa familiar. Pero no sólo eso. También nuevas situaciones, faltas de regulación adecuada, podrían encontrar en los pactos sucesorios o en la fiducia sucesoria el vehículo propicio para facilitar su adecuación a la realidad actual, como sucede, por ejemplo, con el pacto de alimentos, al igual que configurarse como un nuevo instrumento que permitiese al causante realizar sus deseos con las menores trabas posibles ante un notorio cambio de circunstancias, no tomadas en cuenta por el legislador pero que es indudable que pueden influir en el ánimo del causante.

Finalmente, la figura de la desheredación, directamente relacionada con la legítima no podría justificar su existencia. Si se establece una amplia libertad de testar como en otros ordenamientos jurídicos, esta institución carecería de sentido, si no hay legítimas, no es necesario privar de la misma a ningún pariente. En todo caso, es acertada la posición de Cobas[3] que

---

[3] COBAS COBIELLA, M.E., "El sistema legitimario español. Una nueva configuración en orden a los nuevos modelos familiares", *Actualidad Jurídica Iberoamericana*, núm. 17 bis, diciembre 2022, pp. 2404-2431.

apunta hacia la solución que ofrece el Código Civil catalán, al regular en el artículo 451-17, e) que "el causante podrá privar a los legitimarios de su derecho a legítima si en la sucesión concurre alguna de las causas siguientes: la ausencia manifiesta y continuada de relación familiar entre el causante y el legitimario, si es por una causa exclusivamente imputable al legitimario".

3. ¿ES NECESARIO ACTUALMENTE UN SISTEMA DE LEGÍTIMAS?

3.1. Situación social

El planteamiento expuesto conduce inexorablemente a cuestionar si es necesario que en la actualidad subsista el sistema de legítimas tal como queda plasmado en las disposiciones del Código civil.

La respuesta debe ser, que tarde o temprano, este sistema debe cambiar, ya sea suprimiendo la legítima en su integridad, rebajando su proporción o dejándola como medida para proteger a los sujetos más desfavorecidos[4]. En todo caso, salvo la reforma introducida por la Ley 8/2021, para proteger a las personas con discapacidad, lo cierto es que, por el momento no se ha abordado en profundidad el significativo cambio que la sociedad ha experimentado en las relaciones paternofiliales y en la manera de concebir un modelo sucesorio, basado en un sistema legitimario y en la casi exclusividad del testamento unipersonal como instrumento para el ejercicio del poder de disposición mortis causa; ni tampoco se ha tomado en considerado que el incremento de la duración de la vida de las personas hace que, en muchas ocasiones, los herederos se en-

---

[4] DELGADO ECHEVERRÍA, J., "Una propuesta de política del derecho en materia de sucesiones por causa de muerte", en Derecho de sucesiones. Presente y futuro. (XII Jornadas de la Asociación de Profesores de Derecho Civil), Servicio de publicaciones. Universidad de Murcia, 2006, pp. 13-172.

cuentren próximos a la edad de jubilación rompiendo el esquema decimonónico, en virtud del cual los hijos esperaban el patrimonio de sus padres para alcanzar una mejor fortuna. Al mismo tiempo, esta prolongación de la vida de los causantes genera situaciones en las que los hijos no atienden debidamente a sus progenitores, en el mejor de los casos, o los abandonan, en otros, causándoles una situación de tristeza y desamparo que aboca a muchas de las personas afectadas a rechazar el deseo de dejarles su patrimonio y a buscar el mecanismo adecuado para, o bien adjudicarles lo mínimo dispuesto por la ley, esto es, la legítima estricta, o utilizar los remedios jurídicos que mejor le permitan adecuarse a su particular decisión.

Por todo ello, parece que los cambios sufridos durante los últimos años, tanto en el orden socioeconómico, como en el ámbito familiar avalan la necesidad de actualizar muchas de las instituciones sucesorias tradicionales, fraguadas en su mayoría en una sociedad en la que prevalecía una economía agraria, vinculada a la tierra, con una esperanza de vida más reducida que la actual, en un entorno en el que las relaciones parentales se basaban en un trato de subordinación y dependencia de los hijos respecto a sus progenitores y, en un modelo único de familia bien distinto al actual en el que el eje ya no es el patrimonio o la heredad sino la convivencia y la afectividad, factores todos ellos que responden a necesidades también diferentes[5].

Sería recomendable que el derecho de sucesiones adecuase de forma particular sus limitaciones a la facultad de disponer, permitiendo que el individuo pueda recurrir al mayor número de instrumentos posibles para estructurar su herencia en el ejercicio de su autonomía de la voluntad armonizando sus deseos a la realidad del momento presente.

---

5 BARCELÓ DOMÉNECH, J., "Abandono de las personas mayores y reciente doctrina del tribunal supremo español sobre la desheredación por causa de maltrato psicológico", *Actualidad Jurídica Iberoamericana*, núm. 4 febrero 2016, pp. 289-302.

En todo caso, reconocer una mayor autonomía al causante no supone una rebaja de sus obligaciones familiares. La Ley 8/2021 ha reforzado sus facultades para proteger a las personas con discapacidad dentro de su entorno y ha previsto a cargo de la herencia el desempeño de una función asistencial al contemplar el derecho de habitación sobre la vivienda habitual que su titular haga a favor de un legitimario que se encuentre en una situación de discapacidad, como ya ha considerado el art. 822.3 CC.

Dicho desiderátum se complementa con que el estado de opinión por parte de la doctrina es, en su mayor parte, favorable al reconocimiento de los pactos sucesorios o al recurso a la fiducia sucesoria como forma de ordenar la sucesión. Así, por ejemplo, este anhelo se hizo patente en el texto preparado por la Asociación de Profesores de Derecho Civil sobre una futura reforma del CC publicado en 2018, que propugna la inclusión de la sucesión contractual como modalidad sucesoria junto a la testamentaria y la intestada.

Tampoco se puede ignorar que, junto al Código Civil de 1889, coexiste un elenco de normativas autonómicas que han experimentado un gran desarrollo en los últimos tiempos en algunas Comunidades. En concreto, en Aragón, Islas Baleares, Cataluña, Galicia, Navarra y País Vasco, cuya regulación tradicionalmente ha admitido los pactos sucesorios y la fiducia sucesoria y cuya experiencia puede valer para que sirvan de modelo al legislador de derecho común ante una posible y necesaria reforma del CC en este sentido; y que, en el ámbito comunitario, la promulgación del Reglamento (UE) núm. 650/2012 del Parlamento Europeo y del Consejo, de 4 de julio de 2012, relativo a la competencia, la ley aplicable, el reconocimiento y la ejecución de las resoluciones, a la aceptación y la ejecución de los documentos públicos en materia de sucesiones mortis causa y a la creación de un certificado sucesorio europeo, propugna una armonización del sistema sucesorio, haciendo notorio el esfuerzo de unificación y el deseo de la UE de ampliar la libertad de testar, al mismo tiempo que dicha pretensión se muestra estrechamente unida al deseo- si no necesidad- de hacer perdurar los negocios familiares evitando su división entre los descendientes. En este sentido, las prohibiciones a la libertad de testar impuestas en el sistema sucesorio previsto en el CC han sido apreciadas como un fuerte impedimento que han perjudicado los intereses del empresario cuando ha tenido el apremio de mantener indivisa su explotación, aun a pesar de la modificación que se realizó del art. 1056.2º CC, pero que tampoco ha conseguido subsanar todos los problemas que se le presentan al empresario familiar para ordenar su sucesión ateniéndose a sus deseos y necesidades.

3.2. Autonomía privada y libertad de testar

La Orden de 4 de febrero de 2019, por la que se encomienda a la sección de derecho civil de la comisión general de codificación el estudio de los regímenes sucesorios de legítimas y libertad de testar afronta la necesidad de abordar los cambios señalados del modelo de familia y sociedad. Se hace eco para ello de las habidas en otros países de Europa y en la mayor parte de las Comunidades Autónomas con competencias en Derecho civil.

Uno de los aspectos que merecen ser destacados es que subraya la importancia de aprovechar los trabajos ya realizados en el ámbito del derecho comparado interno e internacional para realizar la necesaria modernización de la mejor manera posible contraponiendo esta opción con la seguida tradicionalmente de remitirse con carácter prevalente a la historia, la tradición y la cultura de cada país en la configuración del Derecho sucesorio.

La polémica entre legítimas y libertad de testar no es reciente. Como ha sido señalado anteriormente ya antes de la publicación del Código civil fue una de las cuestiones más debatidas y sobre la que mayor disenso había. Desde entonces hasta la actualidad, se ha seguido planteando, fundamentalmente en las últimas décadas al hilo de los cambios en la propia estructura familiar, siendo cada mayor el número de autores que se muestran partidarios de reformar, los más, aunque, no todos[6], este sistema hasta llegar a aquellos que reclaman un sistema de libertad de testar absoluta con supresión total de las legítimas.

El trasfondo de esta polémica reside en contrastar el sistema de legítimas con el alcance concedido a la voluntad dispositiva del causante, que constituyen las piezas esenciales de cualquier régimen sucesorio, y se encuentran íntimamente vinculadas a la cuestión de la participación que deben tener los hijos del causante en los bienes del patrimonio hereditario. O, como indica Roca Trías[7], ¿se trata de un derecho natural de los hijos o bien es un derecho reconocido por el sistema jurídico, por lo que puede modularse de acuerdo con las concretas políticas legislativas en cada momento?

Responder a la primera cuestión requiere detenerse en si la herencia está protegida constitucionalmente. Y, en su caso, cuáles serían los sujetos beneficiados.

Salvo la sentencia del Tribunal constitucional alemán, de 19 de abril de 2005, que utiliza el argumento histórico y además, el de la solidaridad familiar aceptado por la doctrina mayoritaria alemana y, declaró que la libertad de testar tiene en principio un carácter irrevocable de acuerdo con el art. 14 de la Constitución, la garantía establecida en él salvaguarda los derechos de los hijos a una participación imperativa en la herencia de sus padres y ello con independencia de que existan o no necesidades, la CE guarda silencio respecto a la cuestión de las legítimas y, de forma más general, se refiere al derecho a la herencia en su art. 33.

---

6 ESPEJO LERDO DE TEJADA, M., “La libertad de testar y la función de las legítimas”. *Autonomía privada, familias y herencia,* (María Ángeles Egusquiza Balmaseda, Guillermo Cerdeira Bravo de Mansilla, dirs.), Colex, A Coruña 2024, pp. 179-204.

7 ROCA TRÍAS, E., “La libertad de testar: entre constitución y familia”, *AFDUAM* 24 (2020), p. 16.

Dicho precepto reconoce la protección constitucional del derecho a la propiedad privada y a la herencia, pero esta última no se encuentra sin embargo vinculada con el derecho de los hijos a participar de los bienes que compongan la masa patrimonial de sus progenitores, sino como una extensión del derecho de propiedad más allá de la vida del difunto, que explicaría el tránsito de un patrimonio a otro y justificaría quién se hace cargo de los bienes y de las deudas. Se trataría asimismo de un acto vinculado al libre desarrollo de la personalidad[8].

Al mismo tiempo, la íntima vinculación entre el derecho de sucesiones y la familia ha conducido a vincular el art. 33 con el 39 CE, que proclama la defensa y el interés de la familia, de forma que, de este modo, la herencia pasaría a servir de instrumento de protección de la familia, y, de ahí, que la legítima sea solamente uno de los mecanismos posibles para cumplir el mandato constitucional de su protección.

Esta última norma es la única dirigida a los particulares y justificaría la imposición legal a los padres de determinadas prestaciones sucesorias a menores de edad o a los discapacitados, pero no la exigencia de una legítima universal por el hecho de ser hijo. Por ello el art. 33.2 CE se remite a la legislación, que va a establecer el contenido de los derechos de propiedad y de la herencia[9].

En cualquier caso, en la actualidad, no existe unanimidad en reconocer que la legítima no está garantizada constitucionalmente, al igual que el reconocimiento constitucional del derecho a la herencia no excluye ni un sistema de absoluta libertad de testar ni un sistema en que la participación de los familiares del causante aumente significativamente, por encima de lo que ahora prevé el Código Civil. Ello no convierte en inconstitucionales uno u otro

---

8 VERDERA SERVER, R., Contra la legítima. Real Academia Valenciana de Jurisprudencia y Legislación, cuaderno núm. 94, 2021.

9 ROCA TRÍAS, E., "La libertad de testar: entre constitución y familia", op. cit., pp. 13 y ss.

sistema. En cambio, sí sería inconstitucional un sistema sucesorio que admitiera la sucesión "mortis causa", pero sin dejar resquicio alguno a la voluntad del causante[10]. En consecuencia, de ello puede deducirse que la función social del derecho a la herencia puede proporcionar argumentos adicionales en defensa de un concreto sistema de sucesión forzosa, pero no la exclusión de uno u otro. Como indica Verdera, obsérvese que la Constitución alude a la función social de la herencia, y no a su función familiar[11].

La conclusión es, por tanto, que la herencia es una consecuencia del derecho de propiedad, por lo que participa de la naturaleza que la Constitución ha atribuido a la primera.

La respuesta a la segunda cuestión planteada debe ser afirmativa. Consiste, en efecto, en una medida de técnica y política legislativa concreta.

No habiendo un reconocimiento constitucional del derecho a las legítimas cada ordenamiento jurídico opta por el modelo que dé mejor respuesta a los intereses que quiera preservar con carácter prevalente. Elegirá así, entre dar carácter preferente a los criterios legales o la facultad de decidir el destino de los bienes mediante el otorgamiento de testamento o de otro instrumento sucesorio. Y, en dicho caso, el alcance de la libertad para fijar el contenido del testamento, determinando la imposición de restricciones por la existencia de legítimas o de deberes alimenticios respecto de determinados familiares, hasta la posibilidad de destinar todos sus bienes a extraños a su círculo familiar.

Razones prácticas abundan también en la necesidad de reformar el sistema actual. Entre éstas, sostiene Magariños[12] para defender la

---

10 VERDERA SERVER, R., "Contra la legítima", op. cit.

11 VERDERA SERVER, R., ibidem.

12 MAGARIÑOS BLANCO, V., "Defensa de la libertad de testar", *Anales de la academia nacional de derecho y ciencias sociales de Córdoba,* 2015-2016, tomo LIV, p. 239 y ss.

libertad de testar sin restricciones apunta la necesidad de mejorar la situación de personas que acuden a testar y se encuentran con que el ordenamiento jurídico les impide hacerlo según su voluntad, entendiendo que hay que impulsar una modificación del sistema, en el que se recoja la libertad de disponer mortis causa, suprimiendo el privilegio de adquirir bienes por razón de parentesco forzando la voluntad de su titular, y, por lo tanto, al margen del afecto, del esfuerzo y del mérito. Sin perjuicio de las repercusiones sucesorias que se deriven de los deberes referidos de atención y alimentos.

Al objeto de desarrollar la argumentación expuesta, se analiza seguidamente cada uno de los mecanismos previstos en el Código civil con el fin de demostrar que el propio sistema se sirve ya de instrumentos para canalizar situaciones de desprotección referidas fundamentalmente a hijos con discapacidad o al cónyuge supérstite, que, aun perviviendo con el sistema legitimario está tendiendo puentes para facilitar la reforma del sistema de legítimas y, sucesorio en general, sin ignorar que por parte de sus detractores se recomienda recapacitar sobre la admisión del testamento mancomunado, de los pactos sucesorios con disposiciones a título particular o su renuncia anticipada, que supondría la derogación del art. 816 CC[13] y, sin olvidar la existencia de actos dispositivos patrimoniales mortis causa no testamentarios, como las donaciones "mortis causa". Todos ellos son factores que han trillado el camino para una próxima reforma que, al menos, tienda a rebajar la legítima y a reforzar la posición del cónyuge viudo por ser, no solo necesario para adaptarse a la realidad actual, sino también de justicia. En definitiva, se debe apostar por una más amplia libertad de testar y de disponer mortis causa, pero sin perder de vista los vínculos de solidaridad familiar.

---

13 DELGADO ECHEVERRÍA, J., "Una propuesta de política del derecho en materia de sucesiones por causa de muerte", *Derecho de sucesiones*. Presente y futuro. (XII Jornadas de la Asociación de Profesores de Derecho Civil), Servicio de publicaciones. Universidad de Murcia, 2006, pp. 13-172.

II. La fiducia sucesoria

1. INTRODUCCIÓN

La fiducia sucesoria es una figura que, desde la reforma de 2003 y, con el fin de reformar la situación patrimonial de las personas con discapacidad, empieza a tomar relevancia jurídica no precisamente en ese ámbito tal como era el inicial propósito del legislador sino en el relativo a la empresa familiar como medida que permite mantener indiviso el patrimonio de la familia. Este reconocimiento tiene especial importancia dado que el ordenamiento jurídico vigente en los distintos territorios que se rigen por el derecho común el sistema prohíbe todo pacto sobre la herencia futura, al mismo tiempo que el sistema de legítimas impone un rígido encorsetamiento en la disponibilidad sobre los bienes.

El recurso a la fiducia sucesoria permite dejar al cónyuge supérstite la facultad de atribuir los bienes en la forma que estime más conveniente. En este sentido, las posibilidades de mantener el patrimonio familiar indiviso hasta la muerte del otro cónyuge o las amplias facultades que se le reconocen a este último para realizar actos en favor bien de la familia considerada en su conjunto o bien en beneficio de uno o varios hijos comunes puede considerarse una excepción ante el régimen general que permite reducir las desventajas que inicialmente se han señalado.

Esta figura facilita además la resolución de determinados problemas vinculados con hijos menores de edad, que sufran algún tipo de discapacidad o se trate simplemente de descendientes inexperimentados y amplia la facultad de delegación en cualquiera con quien se tengan hijos en común[14].

2. ANTECEDENTES

Esta figura de origen foral[15], tiene la ventaja de ser un instrumento que permite soslayar alguna de las dificultades que presenta el rígido sistema de las legítimas consolidado en el Código Civil, a pesar de su desconocimiento y de la falta de aplicación

---

14 REYES LÓPEZ, M. J., "El art. 831 del Código Civil. Un precepto útil". *Autonomía privada, familiar y herencia,* María Ángeles Egusquiza Balmaseda, Guillermo Bravo de Mansilla, (coords.), Colex, 2024, A Coruña, pp. 241-264.

15 BERMEJO PUMAR, M.M., El artículo 831 del Código civil. Su compatibilidad en el sistema de mejoras sucesorias. (La mejora a favor del cónyuge). Madrid 2001, pp. 17-44.

práctica, que ha impedido remediar situaciones que podrían encontrar su acomodo en sede de este precepto.

En efecto, esta institución, cuyo reconocimiento normativo arrastra del Proyecto de CC de 1851, se encontraba ya recogida en su art. 663, cuya introducción defendió García Goyena apoyándose en que en las legislaciones forales[16] solía ponerse una cláusula autorizando al cónyuge sobreviviente a que pudiera disponer libremente de los bienes del difunto entre los hijos que quedaran del matrimonio, dando a uno más o menos. Su finalidad era mantener el respeto y la dependencia de los hijos hacia su madre viuda, puesto que se entendía que ésta se encontraba en una situación de vulnerabilidad respecto a la que anteriormente ostentaba con el cabeza de familia. De este modo se conservaba la disciplina doméstica y se pretendía evitar los desastrosos juicios de testamentaria. Finalmente, esta figura quedó recogida en el art. 831 del Código civil de 1889 hasta la actualidad, si bien ha sido objeto de tres modificaciones que describen la evolución que ha sufrido hasta quedar integrada como una facultad del causante que puede incluir en su testamento en favor del viudo o persona con la que se tenga hijos comunes.

El texto inicial contenía la posibilidad de establecer dicha cláusula a favor de su consorte en capitulaciones matrimoniales y siempre para el caso de que hubiere muerto intestado uno de los cónyuges[17]. Posteriormente la reforma de 2 de mayo de 1975 cambió de forma sustancial las capitulaciones matrimoniales al

---

16 Se ha señalado en concreto la influencia de la fiducia aragonesa, recogida en el Texto Refundido de las Leyes civiles aragonesas, arts. 439 a 448.

17 Art. 831 CC: “No obstante lo dispuesto en el artículo anterior, podrá válidamente pactarse en capitulaciones matrimoniales, que muriendo intestado uno de los cónyuges, pueda el viudo o viuda que no haya contraído nuevas nupcias, distribuir a su prudente arbitrio, los bienes del difunto y mejorar con ellos a los hijos comunes, sin perjuicio de las legítimas y de las mejoras hechas en vida por el finado”.

suprimir su carácter inalterable, lo que llevó a un sector doctrinal a entender que encubría un pacto sucesorio. La reforma de 13 de mayo de 1981 supuso un cambio en la literalidad de esta norma que permitió su concesión no solo en capítulos matrimoniales sino también en testamento dando el plazo de un año en el caso de que el fiduciante no hubiese establecido plazo, a contar desde el momento de la apertura de la sucesión o, en su caso, desde la emancipación del último de los hijos comunes[18]. Finalmente, la posterior reforma por Ley 41/2003, de 18 de noviembre, de protección patrimonial de las personas con discapacidad y de modificación del Código Civil, de la Ley de Enjuiciamiento Civil y de la Normativa Tributaria suprimió la referencia a las capitulaciones matrimoniales con el propósito de conformar una herramienta que permitiese establecer decisiones para favorecer a las personas con discapacidad. Sin embargo, paradójicamente este deseo no se ha visto correspondido por la realidad que ha hecho que, en la práctica, se haya empleado más con la finalidad de mantener indiviso el patrimonio familiar, particularmente en las empresas que participen de dicha condición, que para proteger a estas personas[19].

---

18 «No obstante lo dispuesto en el artículo anterior, podrá ordenarse en testamento ó en capitulaciones matrimoniales que, muriendo el cónyuge otorgante, pueda el viudo o viuda que no haya contraído nuevas nupcias, distribuir, a su prudente arbitrio, los bienes del difunto y mejorar en ellos a los hijos comunes, sin perjuicio de las legítimas, de las mejoras y demás disposiciones del causante.».
«Si no se hubiera señalado plazo, el viudo ó viuda tendrá el de un año contado desde la apertura de la sucesión, ó, en su caso, desde la emancipación del último de los hijos comunes».

19 RUEDA ESTEBAN, L. "El artículo 831 del Código Civil" *El patrimonio familiar, profesional y empresarial; sus protocolos,* (Vicent Chuliá, Garrido Melero y Fernando Estevill, dirs), Bosch, Barcelona, pp. 155 a 204.

3. CUESTIONES PREVIAS

Antes de concretar los presupuestos y el contenido de esta figura conviene resaltar los rasgos que le confieren una particularidad propia dentro del sistema, que hacen que se reconozca en ella un instrumento útil para programar la sucesión atendiendo a las necesidades de la familia en un futuro que puede ser más o menos próximo.

Señaladamente hay que destacar su inspiración en las instituciones existentes de derecho foral, que obliga a comparar las ventajas e inconvenientes que supone su incorporación al Código civil, al romper con el sistema establecido en el mismo y hacer que esta figura se pueda calificar de excepción.

3.1. Ventajas e inconvenientes de su aplicación

Como calificó la STS 30 octubre 1944[20], el art. 831 CC contempla un supuesto de fiducia testamentaria de enorme utilidad, pero de escasa aplicación práctica debido a su desconocimiento en la práctica y a la complejidad que entraña su ejercicio.

Como ventajas que, con carácter general se establecen sobre su utilización, se ha señalado que permitirá no precipitar la partición de la herencia cuando uno de los descendientes tenga algún tipo de discapacidad o aplazar dicha distribución a un momento posterior en el que podrá valorarse si se ha producido una variación en las circunstancias iniciales[21]... Igualmente puede resultar un instrumento útil para intentar solucionar situaciones que puedan presentarse en el futuro. Como ejemplo de ello se puede citar: mejorar al descendiente que cuide al cónyuge viudo o ayudar al que siendo padre de familia numerosa

---

20 TOL4.458.772

21 PÉREZ VELÁZQUEZ, J.P., "Sobre la exigua utilización del artículo 831 del Código civil. Aporías de su actual redacción", *ADC.*, t. LXXII, 2019, fasc. III, pp. 1133-1202.

tenga problemas económicos, o sin tenerlos, no tenga ingresos suficientes para mantenerla de forma adecuada. Finalmente, también este precepto puede ser muy recomendable para reforzar la autoridad y posición del fiduciario en el muy frecuente supuesto en el que los progenitores quieran dejarse mutuamente hasta la muerte del último de ellos el mayor poder posible sobre el patrimonio familiar sin participación de los hijos. Así, en el caso que se pretenda la contemplación del patrimonio de ambos cónyuges como un todo unitario a efectos sucesorios, dicha finalidad se puede alcanzar de forma más satisfactoria que con la cautela socini con la ventaja de que la primera permite diferir en el tiempo la distribución y partición de la herencia, no precipitándolas cuando las circunstancias así lo aconsejen.

Si el recurso de esta figura es tan ventajoso cabe preguntarse por las razones de su falta de utilización. A este respecto, los motivos son varios. El primero viene dado por el desconocimiento tanto teórico como práctico de la fiducia y de su utilidad sucesoria[22]. El segundo argumento se centra en el hecho de que la fiducia tiene problemas de encaje con sistemas sucesorios de legítima material obligatoria en una parte de la herencia para todos los legitimarios, como sucede en el caso del Código civil, lo que no ocurre en sistemas como los forales o especiales territoriales de legítima colectiva y posibilidad de designación individualizada de herederos con apartamiento de los no designados. El tercero reside en las repercusiones fiscales de la herencia pendiente del ejercicio de la fiducia para la liquidación de los impuestos correspondientes[23].

---

22 GARCÍA RUBIO, M.P., "La reformulación por la Ley 41/2003 de la delegación de la facultad de mejorar", *ADC*, t. LXI, 2008, fasc. I, pp. 58 y ss.

23 URRUTIA, A., La fiducia sucesoria, ¿una institución con futuro? *LegalToday*, 1 abril 2008. La Hacienda Foral del Territorio Histórico de Vizcaya ya ha regulado esta materia, con una orientación pionera en este campo, establecida en la Norma Foral 7/2002 de 15 de Octubre, en la Norma Foral 1/2017, de 12 de abril, de adaptación del sistema

Por otro lado, en relación con sus antecedentes[24], se arguye que su reconocimiento no permite ejercitar las mismas facultades que se reconocen al fiduciario en los derechos civiles autonómicos que contemplan esta figura.

En ese sentido, como notas divergentes se ha señalado que el fiduciario en el ámbito del Derecho civil autonómico está llamado para que ordene la sucesión del causante y sus facultades son las que tenía este último con dicha finalidad, mientras que la fiducia contemplada en el art. 831 CC solo permite al cónyuge mejorar a los hijos comunes, incluso con cargo al tercio de libre disposición. Igualmente se ha apuntado que la delegación establecida en el art. 831 CC sólo puede hacerse entre cónyuges o personas no casadas entre sí, pero con descendencia común frente al Derecho civil autonómico que permite su otorgamiento a favor de terceros.

3.2. Rasgos característicos

La delegación establecida en el art. 831 CC requiere ser instituida en testamento teniendo el fiduciario el plazo de dos años si no se ha previsto plazo mientras que en el Derecho civil autonómico sus facultades suelen ser vitalicias[25].

---

tributario del Territorio Histórico de Bizkaia a la Ley 5/2015, de 25 de junio, de Derecho Civil Vasco y el Decreto Foral 83/2002, de 3 de Diciembre, (BOB 19 Diciembre), disposiciones ambas que configuran la herencia pendiente del ejercicio de la fiducia sucesoria o poder testatorio como una realidad susceptible de ser titular de un número de identificación fiscal y sujeto de derechos y obligaciones fiscales a través de la persona del comisario o encargado de ejecutar la fiducia.

24 ALPAÑES, E., "La delegación de la facultad de mejorar". *Revista general de legislación y jurisprudencia"*, núm. 3, marzo 1953, pp. 273 y ss.

25 FERNÁNDEZ DE BILBAO, J.J., "Sobre la equivalencia de la fiducia del art. 831 CC a las delegaciones sucesorias autonómicas". *Actualidad Civil*, núm. 3, marzo 2021.

La fiducia contemplada en el art. 831 CC no atribuye al cónyuge el usufructo universal, ni la administración de los bienes sobre los que no se haya utilizado la facultad de mejorar, mientras que en la regulación interregional al cónyuge se le concede la administración del patrimonio relicto y facultades de disposición a título oneroso.

La existencia de hijos del causante que no lo sean del cónyuge delegado entorpece la eficacia la institución, como también lo entorpece la intangibilidad de la legítima estricta a favor de los descendientes comunes.

El fiduciario podrá satisfacer las legítimas y demás disposiciones del causante tanto con bienes gananciales como privativos del causante o del fiduciario.

El plazo para ejecutar las facultades conferidas, en caso de tener que realizarse inter vivos, será el que se le haya concedido y, en su defecto, el de dos años a contar desde la apertura de la sucesión o, en su caso, de la emancipación del último de los hijos comunes.

Las facultades también se le pueden atribuir para que las realice en su testamento, en cuyo caso tendrá toda su vida para llevarlo a cabo, siendo recomendable en estos supuestos que el causante-comitente contemple en su testamento el reparto de sus bienes para el caso de que el fiduciario-comisionado fallezca intestado o incluso testado, pero sin ejercer las facultes conferidas. En el supuesto de que esa situación no hubiera sido contemplada por el causante comitente y el fiduciario-comisionado no hubiera ejercitado sus facultades, se abriría la sucesión legal del primero.

Las disposiciones que realice el fiduciario de bienes específicos y determinados atribuirán al beneficiario, por el mero hecho de la aceptación, además de la propiedad, la posesión civilísima de los bienes, salvo que se establezca lo contrario.

Corresponde al fiduciario la administración de los bienes sobre los que pendan las facultades fiduciarias.

Ni el régimen de las legítimas de los descendientes no comunes ni las disposiciones del testador resultarán afectadas por el nombramiento del fiduciario, que tendrá poderes para intervenir en nombre de los descendientes comunes en los actos de ejecución relativos a dichas disposiciones o legítimas.

A diferencia de las redacciones anteriores, en las que el fiduciario tenía que ser forzosamente el cónyuge viudo, ahora se le pueden conferir las facultades fiduciarias a cualquier persona con la que se tenga prole en común.

Los beneficiarios de las disposiciones del fiduciario pueden ser tanto los hijos como los descendientes posteriores.

La fiducia no agota su alcance en el tercio de mejora, sino que también incluye el de libre disposición.

No es obstáculo para esta institución, que tanto el testador como el fiduciario tengan descendientes no comunes.

3.3. Carácter excepcional del precepto

También, antes de analizar el extenso contenido de este precepto, conviene establecer con carácter previo los rasgos que confieren carácter excepcional a esta disposición dentro de los principios sucesorios recogidos en el Código civil.

Tras fijar el art. 831 CC el carácter indelegable de la facultad de mejorar, este precepto comienza estableciendo que no obstante ello se podrán conferir facultades al cónyuge en testamento para que, fallecido el testador, pueda realizar a favor de los hijos o descendientes comunes mejoras incluso con cargo al tercio de libre disposición y, en general, adjudicaciones o atribuciones de bienes concretos por cualquier título o concepto sucesorio o particiones, incluidas las que tengan por objeto bienes de la sociedad conyugal disuelta que esté sin liquidar. Así pues, como ha sido valorado por algún sector doctrinal, este precepto supone una auténtica revolución[26] si se compara con el resto del articulado. En concreto, permite al testador delegar en la persona de su cónyuge o con la pareja con la que tenga hijos en común la facultad de mejorar a estos o a sus descendientes siendo por tanto una excepción del principio que establece que no se podrá delegar en otra persona la facultad de mejorar[27]. Con ello incide directamente sobre uno de los principios fundamentales del derecho sucesorio: el principio de intangibilidad cualitativa de la legítima regulado en el art. 813 CC. Según este precepto, el testador no podrá imponer sobre la legítima "gravamen ni condición, ni sustitución de ninguna especie, salvo lo dispuesto en cuanto al usufructo del viudo." Esto quiere decir que todo legitimario tendrá derecho a recibir su legítima libre de cargas, con lo que debe entenderse que no podrá admitirse aplazamiento en el goce de la legítima. Sin embargo, el art. 831 CC admite excepcionalmente que el cónyuge viudo retrase la partición de la herencia e incluso que verifique la partición a plazos, realizándola a través de "uno o varios actos, simultáneos o sucesivos...".

También introduce una excepción respecto a la naturaleza jurídica de la legítima, que la doctrina considera generalmente como una pars bonorum por la literalidad del art. 806 CC, que la define como "porción de bienes", y que pasa a ser una pars valoris, ya que podrá ser satisfecha incluso con bienes "de la sociedad conyugal disuelta que esté sin liquidar" o "bienes pertenecientes sólo al cónyuge que ejercite las facultades". Consiguientemente, a través de estos apartados se reforma esencialmente el régimen

---

26 RUEDA ESTEBAN, L., "La facultad de mejora y distribución de la herencia concedida entre cónyuges". Tesis doctoral dirigida por Silvia Díaz Alabart y María Teresa Álvarez Moreno. Universidad Complutense de Madrid, 2014, pp. 235 y ss.

27 DÍAZ FUENTES, A., "Excepciones legales al personalismo de las disposiciones mortis causa: II, sobre el artículo 831 del Código civil". *ADC*, vol. 18, núm. 4, 1965, pp. 877-910.

legitimario, ya que asume la posibilidad de que la legítima sea satisfecha con bienes extrahereditarios.

Finalmente, en cuanto a la partición, ha de destacarse el contraste que existe entre el art. 831 y el art. 1057.1 CC, que establece que "el testador podrá encomendar, por acto inter vivos o mortis causa para después de su muerte la facultad de hacer la partición a cualquier persona que no sea uno de los coherederos". En este caso, si se considera que el cónyuge es coheredero, la fiducia sucesoria constituye una excepción. Además, el supérstite gozará de facultades mucho más amplias que las del contador partidor puesto que éste sólo está facultado para contar y partir el caudal, es decir, para interpretar el testamento y realizar las operaciones de inventario, avalúo, liquidación, división y adjudicación de bienes[28]. No obstante, no podrá en ningún caso alterar la cuota de los herederos, ni realizar por sí solo actos dispositivos, para los que necesitará en todo caso la autorización de los herederos.

3.4. Problemas

Esta figura presenta problemas que la práctica todavía no ha podido resolver debido a su escasa aplicación.

El primero de ellos es el concerniente a si el supérstite puede realizar la liquidación de la sociedad de gananciales. El segundo, qué sucedería si en lugar del régimen de gananciales los cónyuges hubiesen estipulado otro régimen económico, como el de separación.

El segundo bloque de problemas se puede fijar con relación al pago de la legítima y, en su caso, a los plazos que los legitimarios deben soportar antes de reclamar dicha porción de la herencia.

---

[28] GARRIDO DE PALMA, V., "Actualidad de la fiducia sucesoria del artículo 831 del Código Civil", *Revista Jurídica del Notariado,* núm. 83, 2012, pp. 353-372.

"La literalidad del párrafo 3º del art. 831 CC nos lleva a plantearnos la siguiente pregunta: ¿Puede el cónyuge fiduciario aplazar el pago de la legítima estricta de los descendientes comunes que sean legitimarios hasta que decida ejercer sus facultades de acuerdo con el plazo fijado por el testador, concediéndole, además, que pueda ejercitarlas sin sujeción a plazo e incluso en su propio testamento?"

"El plazo de ejecución de la fiducia sucesoria no afecta a las legítimas estrictas, por lo que los herederos forzosos podrán exigirlas una vez abierta la sucesión"

El tercer grupo afectaría al modo en que el fiduciario puede realizar el pago; esto es, si con bienes de la herencia o es posible el pago con bienes de este último y, finalmente, si es posible realizar el pago en metálico o con bienes de fuera de la herencia; esto es, si es compatible con la aplicación simultánea del art. 1056 CC.

4. PRESUPUESTOS DE LA FIDUCIA SUCESORIA CONTEMPLADA EN EL ART. 831 CC

La STS de 30 octubre de 1944[29] entiende que este precepto recoge una auténtica fiducia sucesoria, modalidad que desde siempre ha sido considerada extraña al ordenamiento jurídico del Código civil por ser una institución inspirada en los ordenamientos de derecho foral.

Este precepto, que se caracteriza por su extensa redacción, además de conceder inicialmente amplias facultades al cónyuge supérstite, establece los presupuestos tanto objetivos como subjetivos para su aplicación, que fueron modificados por la Ley 41/2003 porque originariamente el art. 831 CC otorgaba solo facultades al cónyuge supérstite. Sin embargo, a raíz de la reforma de 2003 éstas se hicieron extensivas a la persona con la que el causante hubiera tenido hijos

---

29 TOL4.458.772.

comunes[30], aunque nunca hubieran estado casados o incluso aunque no hubieran tenido una relación estable o afectiva puesto que la literalidad del precepto no permite llegar a una diversa conclusión.

Las atribuciones que el causante hace al fiduciario se han equiparado a las que dispone el propio testador. Pero, este espectro de facultades que el testador puede atribuir al fiduciante conforman un conjunto que resulta ajeno al modelo previsto en el Código civil, falto de doctrina jurisprudencial consolidada ante los escasos pronunciamientos judiciales sobre la materia, que motiva que las dudas que suscita esta institución sigan sin solventarse habida cuenta además de que no cabe recurrir a las figuras recogidas en los actuales derechos civiles autonómicos por haber sido esta vía declarada inconstitucional[31], que impide el recurso de esta figura a la fiducia sucesoria aragonesa, de rasgos próximos y que indudablemente serviría de utilidad.

En todo caso, la delegación que realice el fiduciante debe atender a una serie de presupuestos tanto de forma como subjetivos, entre los que se encuentran los siguientes.

4.1. Debe estar recogida en el testamento del causante

El párrafo primero del precepto establece que no obstante la prohibición establecida por el artículo 830 CC de encomendar a otro la facultad de mejorar, podrán conferirse facultades al cónyuge en el testamento para que, fallecido el testador, pueda realizar

---

30 SIERRA PÉREZ, I., "La fiducia sucesoria en derecho común: El artículo 831 del Código Civil (LEG 1889, 27) en la Ley 41/2003, de 18 de noviembre (RCL 2003, 2695)", *Revista Aranzadi de derecho patrimonial*, núm. 19, 2007, pp. 89-124.

31 El artículo 149.3 CE considera que el Derecho del Estado es supletorio del de las Comunidades Autónomas, pero en ningún momento contempla la situación inversa. GARCÍA RUBIO. M.P., "La reformulación ", cit., p. 69.

a favor de los hijos o descendientes comunes mejoras incluso con cargo al tercio de libre disposición y, en general, adjudicaciones o atribuciones de bienes concretos por cualquier título o concepto sucesorio o particiones, incluidas las que tengan por objeto bienes de la sociedad conyugal disuelta que esté sin liquidar.

Una vez suprimida la posibilidad de concesión de tal facultad en capitulaciones matrimoniales, la reforma estableció que el único instrumento hábil para establecer la delegación es el testamento, logrando con ello erradicar buena parte de las dudas que se habían suscitado anteriormente. Por tanto, actualmente, la sucesión del cónyuge premuerto debe ser testada o, por lo menos, estar en parte testada y en parte intestada, al contrario de lo que sucedía en la primitiva redacción del precepto en que la sucesión debía ser intestada.

Acorde con la naturaleza del testamento, su atribución es un acto unilateral y revocable. Este testamento debe ser el último válido que haya otorgado el causante.

Llama la atención sin embargo que dada la complejidad que esta delegación puede entrañar no se requiera ninguna forma especial de testamento. Si se vincula con sus antecedentes, los distintos derechos civiles autonómicos se decantan habitualmente por el testamento otorgado ante notario y esta parece que es la modalidad más adecuada para esta figura para evitar futuros problemas, ya sea a la hora de introducir una disposición testamentaria que incluya la delegación o para evitar conflictos ulteriores, ya sean de carácter interpretativo o aplicativos.

Al estar esta facultad recogida en el testamento, se estará a los mismos términos y principios que para la aceptación y repudiación de las herencias por lo que su aceptación es voluntaria y libre[32]; sus efectos se retrotraen al momento del fallecimiento del comitente[33]; debe ser pura y simple, así que no cabe admitir la fiducia en parte,

---

32 Art. 988 CC.

33 Art. 989 CC.

ni a plazos, ni condicionalmente y opera tras la muerte del testador, lo que hace que no quepa considerarla como pacto sucesorio[34].

La delegación requiere ser aceptada por el fiduciario de forma que, una vez hecha la aceptación de la fiducia es irrevocable, y solo puede ser impugnada cuando adolezca de alguno de los vicios que anulan el consentimiento o apareciese un testamento desconocido[35].

En cuanto a las formas de aceptación, podrá realizarse de forma expresa o tácitamente, de manera que la expresa se podrá hacer en documento público o privado. No supondrán actos de aceptación tácita: la disposición ordinaria y de uso de dinero en una cuenta corriente que la fiduciaria tuviese en común con el comitente; la administración del patrimonio ganancial, o la realización de un inventario de los bienes del causante[36].

El cónyuge supérstite precisará capacidad suficiente para el ejercicio y ejecución de la fiducia en atención al acto elegido para la misma y conforme el instrumento de que se trate; capacidad para testar cuando ejercite su facultad de mejorar o distribuir por un acto mortis causa y capacidad de disposición cuando lo verifique mediante un acto inter vivos, no sólo en el momento de la apertura de la sucesión para aceptar la delegación, sino también al tiempo de la realización de cada acto de distribución o adjudicación y de acuerdo con el tipo de acto de que se trate.

A este respecto, uno de los problemas que puede suscitarse respecto a la capacidad del fiduciario es la relativa a qué sucede en aquellos casos en los que haya sido desheredado justamente o declarado indigno. Al ser la fiducia una institución basada en la confianza, la existencia de estos presupuestos implica que el viudo o pareja con hijos comunes carece de las cualidades imprescindibles para el ejercicio de la facultad de la delegación,

---

34 RUEDA ESTEBAN, L., "La facultad", cit. p. 369.

35 Art. 997 CC.

36 Art. 990 CC. RUEDA ESTEBAN, L., "La facultad", ibidem.

de lo que deriva a sensu contrario, que también deberá tener la capacidad debida para suceder a su consorte.

El viudo/a, en consecuencia, queda investido de un poder de configuración jurídica sobre la herencia del difunto de contenido fiduciario, pues contiene una delegación que abarca la posibilidad de mejorar, es decir, de atribuir porciones desiguales a los hijos comunes y distribuir los bienes del difunto.

Constituye un acto de apoderamiento sucesorio que sólo puede hacerse por testamento y que puede no limitarse al reparto del caudal hereditario. Además, hoy en día la doctrina coincide mayoritariamente en que el art. 831 CC es una norma particional porque rebasa en facultades al contador-partidor testamentario (art. 1057 CC), que solo tiene la simple facultad de hacer la partición siempre que no sea uno de los coherederos, porque al fijar las cuotas en que suceden los legitimarios, ocupa el lugar del propio disponente y, excepcional porque también elude al art. 671 CC al facultar al testador a encomendar a un tercero la distribución de las cantidades que deje en general a clases determinadas, como a los parientes, a los pobres o a los establecimientos de beneficencia, así como la elección de las personas o establecimientos a quienes aquéllas deban aplicarse.

4.2 Que el matrimonio subsista a la muerte del cónyuge testador

El segundo presupuesto exige la existencia de matrimonio o relación análoga de hecho, no haber contraído un posterior matrimonio y la supervivencia de hijos comunes.

Si el matrimonio se disolvió por divorcio, se extingue la facultad, porque el testador y el beneficiario de la facultad dejan de ser cónyuges y el superviviente ya no es viudo/a del fallecido.

Tampoco cabe la delegación si el matrimonio fue anulado, aunque el cónyuge facultado sea el «cónyuge de buena fe», puesto que los efectos del matrimonio putativo no alcanzan a la delegación.

Puede pensarse que pese a la separación judicial o de hecho subsiste la facultad, porque los cónyuges siguen estando casados entre sí. Sin embargo, Blasco[37] opina que una interpretación literal y el silencio del artículo 831 no parecen razones suficientes para fundamentar una respuesta afirmativa; ni siquiera el artículo 834 mantiene la legítima al cónyuge separado no culpable. El carácter intuitu personae de la institución parece quebrarla cuando se pierde la confianza o fiducia en el otro cónyuge. Por analogía habría que aplicar la misma solución a la separación de hecho.

Si pese a la separación judicial o de hecho el cónyuge concedente de la facultad sigue confiando en el otro, cosa que bien puede suceder, la delegación será válida. La demostración de la confianza puede ser expresa o tácita: expresa si el testador en su testamento dice que pese a la separación concede facultades a su todavía cónyuge; tácita si concede facultades en su testamento al otro cónyuge después de la separación judicial o, de hecho.

Si el cónyuge facultado ha sido justamente desheredado o declarado indigno parece que no reúne las cualidades imprescindibles para el ejercicio de la delegación, por lo tanto, también deberá tener la capacidad debida para suceder a su consorte.

La redacción de 2003 permite que la facultad se otorgue al cónyuge o a la persona que comparta con el causante descendencia común, aunque nunca hubieran estado casados.

Suprimida la posibilidad de concesión de tal facultad es en capitulaciones matrimoniales, es ahora siempre revocable, acorde con la naturaleza del testamento.

Dado que tiene que existir testamento válido, la sucesión del cónyuge premuerto debe ser testada o, por lo menos, en parte testada y en parte intestada, al contrario de lo que sucedía en la primitiva redacción del precepto en que la sucesión debía ser intestada.

37

El vínculo conyugal debe existir al tiempo del fallecimiento del fiduciante[38]. Este presupuesto implica que si con posterioridad al otorgamiento del testamento el matrimonio se disolvió por divorcio la facultad se extingue porque el testador y el beneficiario de la facultad dejan de ser cónyuges y el superviviente ya no es viudo/a del fallecido. Tampoco cabe la delegación si el matrimonio fue anulado, aunque el cónyuge facultado sea el «cónyuge de buena fe».

Más conflictivo pudiera resultar el caso de que existiera una separación judicial o, de hecho. En esta situación si el cónyuge concedente de la facultad sigue confiando en el otro, cosa que bien puede suceder, la delegación será válida. No obstante, pese a esta opinión mayoritaria que entiende que subsiste la facultad, porque los cónyuges siguen estando casados entre sí, ha habido autores que consideran que una interpretación literal y el silencio del artículo 831 CC no parecen razones suficientes para fundamentar una respuesta afirmativa[39]. Cierto es que tampoco el artículo 834 CC mantiene la legítima al cónyuge separado no culpable, pero hay que tener en cuenta que la redacción de este precepto fue modificada con posterioridad al art. 831 CC, en 2005, y que, cuando se modificó el art. 831 CC no se tuvo en cuenta la separación de hecho. Sin perjuicio de lo expuesto cabe entender además que el carácter intuitu personae de la institución permite extinguir dicha figura cuando se pierde la confianza.

La demostración de la confianza puede ser expresa o tácita: expresa, si el testador en su testamento dice que pese a la separación concede facultades a su todavía cónyuge; tácita, si concede facultades en su testamento al otro cónyuge después de la separación judicial o, de hecho.

---

38 SEDA HERMOSIN, M. A. "Facultad de fiducia sucesoria del artículo 831 del Código Civil". *Revista de la Academia Sevillana del Notariado.* T. XV, 2006, pp. 267, 268 y 269.

39 BLASCO GASCÓ, F.P., La mejora irrevocable. Universitat de València, 1988.

4.3. Que el concedente de la facultad premuera al cónyuge facultado

La facultad puede concederse recíprocamente por los cónyuges, cada uno en su propio testamento, bien con el mismo contenido o diferente, en cuyo caso a la muerte de cualquiera de ellos el superviviente será el encargado de ejecutar la fiducia. Pero, si solamente uno de los cónyuges concedió al otro las facultades previstas en el precepto, el fiduciante tendrá que fallecer antes que el fiduciario para que este pueda ejecutar el encargo.

4.4. Que sobrevivan al concedente de la facultad varios hijos o descendientes comunes

Después de la última reforma se modificó la redacción del precepto refiriendo la facultad bien a los hijos, bien a sus descendientes. Esta clarificación es adecuada porque la mera referencia a la descendencia común podría también comprender las atribuciones que los abuelos hacen a sus nietos[40].

No es preciso que los descendientes comunes, a quienes se favorece, sean legitimarios. Así, se podrá mejorar a un nieto en vida de su progenitor o adjudicarle toda o parte de la porción de libre disposición. Por tanto, si existe solamente un hijo en común, parece preciso que éste tenga descendencia para que exista concurrencia, al menos respecto del tercio de mejora, aunque también parece caber la posibilidad de ejercer la facultad a favor de descendientes nacederos, por medio de la sustitución fideicomisaria conforme al artículo 782 CC, dentro de los límites fijados por los artículos 781 y 785 CC.

Se ha planteado la hipótesis del fallecimiento de algún descendiente común, sin descendientes y sin testamento después del causante. Como en dicho caso heredaría el cónyuge la parte de su hijo premuerto, se ha apreciado que resultaría inmoral

---

40 GARCÍA RUBIO, M.P., "La reformulación", cit. pp. 70 y ss.

que se atribuyera a sí mismo la mayor parte de la herencia. A estos efectos, el cónyuge puede mejorar y distribuir la herencia entre los hijos comunes, pero se excluye su actuación respecto de otras personas y, por lo tanto, para sí mismo.

4.5. Que los hijos o descendientes comunes, favorecidos por el cónyuge supérstite, no sean indignos para suceder al causante, ni hayan sido desheredados por éste con justa causa.

La facultad de desheredar corresponde exclusivamente al fiduciante, por lo que si la hizo valer en su testamento, al fiduciario solo le queda respetar dicha decisión salvo que el testador haya dejado expresamente su subsistencia a la valoración de este último, lo que exigirá unas instrucciones precisas al respecto. Lo mismo ocurre respecto a las causas de indignidad cuya rehabilitación depende exclusivamente de la voluntad del testador.

4.6. Que el cónyuge supérstite no haya contraído nuevas nupcias o tenido algún hijo no común, salvo que el testador hubiera dispuesto otra cosa

Si el cónyuge sobreviviente hubiera ejercitado la facultad antes de contraer nuevas nupcias o tener un hijo después de la apertura de la sucesión, no se invalidarán los actos realizados pues se trata de un hecho posterior que no puede producir efectos invalidantes retroactivamente.

5. CONTENIDO

El ámbito de libertad dispositivo que confiere el art. 831 CC al testador para que pueda ordenar la sucesión es amplísimo, tanto que se ha llegado a considerar que las facultades que el delegante puede otorgar al delegado incorporan poderes que trascienden la distribución del caudal hereditario, como de manera particular se observa al llegar incluso a alterar el régimen previsto en la sociedad legal de gananciales y en la atribución de bienes por cualquier título o concepto sucesorio y al gozar de mayores facultades que de las que dispone el contador partidor.

El contenido de la delegación está determinado por la voluntad del testador, que puede encomendar todas o alguna de las facultades enumeradas en el precepto: realizar la partición, atribuir bienes o mejorar a alguno de los hijos o descendientes. A ello habrá que sumarle la facultad de adjudicar y atribuir el uso de la vivienda habitual del causante al hijo o descendiente con discapacidad[41].

Con anterioridad a la reforma operada por la Ley 41/2003 se dudaba de si el testador podía facultar para ampliar como posibles beneficiarios o destinatarios de esas atribuciones sólo a los hijos comunes o podía aplicarse también a descendientes comunes de ulterior grado. Esa cuestión quedó resuelta por la propia redacción del precepto, de forma que dicha referencia hay que entenderla hecha en sentido amplio y no literal, dado que también se contempla que el fiduciario pueda mejorar a cualquiera de los hijos en detrimento de los demás, ya sea con cargo al tercio de mejora o al tercio de libre disposición y que pueda mejorar no sólo al descendiente legitimario sino también al descendiente que no lo sea, por ejemplo, al nieto viviendo su progenitor. En suma, tiene la posibilidad de desigualar a los descendientes comunes[42].

Tras la reforma incorporada por la Ley 8/2021 en apoyo de las personas con discapacidad cabe entender también que el testador podrá delegar esta facultad en su cónyuge supérstite o conviviente, dada la finalidad de dicha norma de beneficiar del mayor modo posible a estas personas y de las reformas opera-

---

41 Art. 822 CC.

42 BOLÁS ALFONSO, J., "EL artículo 831 del Código Civil: una norma del siglo XXI", *Revista jurídica del notariado,* núm. 86-87, abril-junio, julio-septiembre 2013, p. 83.

das en los arts. 808, 813, 822 y de lo dispuesto en la disposición adicional 4° del CC sin perjuicio de que el legislador ha desaprovechado la ocasión para pronunciarse sobre este extremo.

Dichas atribuciones sitúan al viudo en la misma posición que el testador puesto que el único límite que tendrán ambos viene determinado por el respeto a las legítimas, con lo que exceptúa el carácter personalísimo de la facultad de mejorar[43].

También puede considerarse una excepción, tanto al art. 670 CC, que prohíbe que la formación del testamento se deje en todo o en parte al arbitrio de un tercero, como al art. 1057 CC, que sólo faculta al testador para delegar en favor de un tercero la partición de la herencia.

Del tenor del precepto, siguiendo a López Beltrán de Heredia[44], cabe establecer descriptivamente las facultades del fiduciario, que se concretan básicamente en las siguientes:

5.1. Mejorar incluso con cargo al tercio de libre disposición

La reforma de la ley 41/2003 introdujo una modificación que afectó a la base de las legítimas, al permitir que la facultad del fiduciario sobre los bienes del delegante pueda extenderse, salvo disposición especial del testamento, no sólo al tercio de mejora sino también al tercio de libre disposición, e incluso puede atribuir la empresa familiar en los términos del art. 1056.2 CC. Por tanto, a pesar de que el precepto se encuentra en la sección dedicada a regular la mejora tiene un contenido que desborda con creces tal materia, pues el cónyuge viudo tiene la facultad de decidir sobre la atribución de dos tercios del caudal. Además, el cónyuge viudo puede decidir sobre el concepto sucesorio.

---

43 Art. 830 CC.

44 LÓPEZ BELTRÁN DE HEREDIA, C., "El artículo 831 del Código civil", *ADC,* vol. 58, núm. 3, 2005, pp. 1127 y ss.

5.2. Adjudicar y atribuir por cualquier título o concepto sucesorio

El artículo 831.1 CC omite una referencia expresa a la delegación de la facultad de distribuir y únicamente se refiere a las facultades de realizar mejoras y en general adjudicaciones o atribuciones de bienes concretos. Ello puede alcanzar a todos o solamente a algunos bienes de la herencia superando la polémica de si la facultad de distribuir se refería sólo a partir o incluía también la atribución de bienes. Además, el artículo 831 CC afirma que el cónyuge delegado podrá ejercitar las facultades concedidas «por cualquier título o concepto sucesorio o particiones».

Por dicha razón, a diferencia de la redacción anterior que solo se refería a mejorar y distribuir, en la actualidad, queda investido de un poder de configuración jurídica sobre la herencia del difunto de contenido fiduciario, que se ejercita mediante una delegación que abarca la posibilidad de mejorar, es decir, de atribuir porciones desiguales a los hijos comunes y distribuir los bienes del difunto. A este respecto, permite la adjudicación de bienes por cualquier título o sucesión y recaer las atribuciones no sólo sobre el tercio de libre disposición sino sobre el de mejora. Pero no sólo ello, también permite atribuir bienes concretos y determinados de la sociedad de ganancials aun sin liquidar. Se consigue, en suma, que el patrimonio familiar perviva hasta el fallecimiento del otro cónyuge. Al respecto, hay que distinguir entre las distribuciones o atribuciones que haya realizado el cónyuge viudo en el ejercicio de sus facultades delegadas por actos inter vivos, que serán, por su naturaleza, irrevocables unilateralmente puesto que se trata de adjudicaciones particionales y no donaciones, o si lo hace mortis causa, es decir, en su propio testamento, en cuyo caso podrá disponer de todo el patrimonio familiar en conjunto, esto es, de la parte del premuerto y su parte.

Prosigue el precepto estableciendo que dicha atribución debe ejercitarse por título o concepto sucesorio. Dicha mención hay que entenderla referida a los conceptos de heredero o legatario puesto que, como se afirma certeramente, no parece existir otro título sucesorio[45].

Tampoco aclara el precepto si el título o concepto sucesorio debe establecerse por el testador, limitándose su cónyuge a adjudicar o atribuir bienes, de acuerdo con el título previamente señalado o si podrá el cónyuge facultado instituir herederos o legatarios con respeto a los nombramientos efectuados por el causante. Esta última interpretación ha sido entendida por parte de un sector doctrinal como la más acorde con el sentido literal de la frase y el análisis conjunto del precepto. De ser así, el heredero podrá ser instituido por el cónyuge facultado como heredero puro y simple, bajo condición, término o modo, heredero fiduciario y heredero fideicomisario..., de igual modo podrá proceder en el nombramiento de legatarios. Ahora bien, de aceptar esta tesis, mientras no se realicen los nombramientos, ni los luego nombrados herederos o legatarios podrán aceptar o repudiar la herencia[46]. Los efectos de tales nombramientos se retrotraerán al momento de la muerte del cónyuge difunto, una vez que los instituidos acepten la herencia[47].

En sentido opuesto, otra tendencia más conservadora entiende que la institución de heredero o legatario es una potestad exclusiva del testador y que el fiduciario se limitará a la partición y adjudicación de bienes a favor de los llamados en cualquier concepto[48]. Pero en este caso la interpretación acerca del contenido del precepto quedaría limitado a entender que el fiduciario es tan solo un contador partidor con las más amplias facultades, de manera que solo mejorará dentro de los márgenes que le haya permitido el testador y en cuanto a los bienes sobre los que no haya dispues-

---

45 LÓPEZ BELTRÁN DE HEREDIA, C., "El artículo 831", cit., p. 1127.

46 Art. 991 CC.

47 Art. 989 CC.

48 RUEDA ESTEBAN, L. "La fiducia sucesoria", cit., pp. 981 y ss.; "El artículo 831", cit., pp. 178 y 179.

to ni establecido legado alguno, y por supuesto, exclusivamente a favor de los instituidos herederos que, de serlo en porciones exactas, dejaría poco margen de actuación a ese fiduciario, con lo que, su campo de actuación se limitaría a los aspectos respecto de los que no hubiese dispuesto el causante, y tan solo a favor de los designados en el testamento como herederos. Dentro de esta corriente también se afirma que aceptar que el fiduciario pueda designar o instituir herederos sería incluir en el ámbito del 831 CC, la herencia de confianza prohibida en el Código Civil y tan distinta en sus efectos, propia del derecho catalán.

También se suscitó si el título o concepto sucesorio debe referirse a la herencia del difunto o del fiduciario, siendo del primero, pues tendría muy poco sentido realizar varios actos en concepto sucesorio ya sean simultáneos o sucesivos, referido a la propia herencia del cónyuge facultado, aunque solamente sea porque, en tal caso, van a producir efectos todos a la vez en el momento de la muerte del cónyuge disponente.

Las operaciones delegables han de ser realizadas a favor de los hijos o descendientes comunes pudiendo realizarse por el cónyuge en uno o varios actos, simultáneos o sucesivos.

5.3. Realizar la partición

El testador puede conceder al cónyuge todas las facultades o alguna de ellas. Al sustituir la reforma de 2003 el término de distribuir por el de adjudicaciones y atribuciones se entiende que el supérstite puede realizar la partición de la herencia del causante, teniendo el cónyuge viudo mayores facultades que las que corresponden a un contador-partidor, que es la facultad de hacer la partición[49].

La facultad se ejercerá dentro de los límites previstos en el testamento y respetando sus disposiciones. A falta de disposición

---

49 Art. 1057 CC.

expresa sobre su contenido, le corresponderá al favorecido por la delegación la facultad de distribuir los bienes del causante, incluso los bienes comunes, realizando una verdadera partición sometida a las mismas exigencias que si fuera realizada por el causante. Es decir, le resulta de aplicación el art 1056 CC[50] y no está sujeto al 1061 CC[51]. Con ello, los términos del art. 831.3 CC liberan al delegado del rigor de la intangibilidad cualitativa de la legítima en el cumplimiento de su encargo.

La doctrina coincide mayoritariamente en que el art. 831 CC es una norma particional excepcional porque rebasa en facultades al contador-partidor testamentario, que solo tiene la simple facultad de hacer la partición siempre que no sea uno de los coherederos y excepcional porque también elude al art. 671 CC que prohíbe delegar ordenar la sucesión. Según dicha doctrina el fiduciario del art. 831 CC es mucho más que un contador partidor porque al fijar las cuotas en que suceden los legitimarios ocupa el lugar del propio disponente[52].

Como afirma Bolás[53], con el fin de encontrar alguna diferencia entre adjudicar, que es un acto particional y partir, puede

---

50 GARRIDO DE PALMA, V.M., "Actualidad de la fiducia sucesoria", cit., pp. 323 y ss.; MINGORANCE GOZÁLVEZ, C., "La fiducia sucesoria y la empresa familiar. La utilidad del artículo 831 del Código Civil", *Cuestiones civiles y mercantiles en la empresa familiar.* (Ignacio Gallego Domínguez, coord..), La Ley, Madrid 2022, pp. 303 y ss.

51 MARIÑO PARDO, F., "Algunas cuestiones generales sobre la fiducia sucesoria o delegación de la facultad de mejorar del artículo 831 del Código Civil. La Sentencia de la Audiencia Provincial de Madrid de 30 de diciembre de 2015". *Blog de derecho privado, desde la óptica notarial y registral.* jueves, 8 de junio de 2017.

52 RUEDA ESTEBAN, L., "Algunos aspectos sobre el ejercicio de la comisión o encargo hecho en virtud del artículo 831 CC: ejecución de la delegación y de la fiducia". *Revista Jurídica del Notariado,* núm. 85, enero-marzo 2013, pp. 366.

53 BOLÁS ALFONSO, J., "El artículo 831", cit. pp. 67 y ss.

entenderse que el primer término se refiere a bienes concretos de la herencia sin realizar una partición completa del haber relicto y la posibilidad de partir se vincula al reparto completo de la herencia, adjudicando todos los bienes y completando el pago de las correspondientes cuotas.

La comisión del causante habilita al sobreviviente para, de una parte, fijar el quantum de la cuota sucesoria de cada uno de los legitimarios y, de otra, señalar los bienes que deben integrar cada cuota. En todo caso, los efectos de las atribuciones verificadas por actos inter vivos se retrotraerán al momento del fallecimiento del cónyuge premuerto mientras que las adjudicaciones que realice el supérstite a través de un acto mortis causa son esencialmente revocables. También se le concede la facultad de atribuir en proindiviso los bienes que tenía en titularidad conjunta con el causante.

5.4. Administrar la herencia del causante

La reforma de 2003 convierte al fiduciario en gestor y administrador del patrimonio hasta que agote el mandato del causante. Sin embargo, a diferencia de los derechos civiles autonómicos que regulan el alcance de dicho comportamiento, el Código civil no contiene una descripción de los actos que comprende[54].

La facultad de administrar hay que entenderla en su sentido más amplio, comprendiendo cualquier acto de administración ordinaria o extraordinaria que permita conservar el valor del patrimonio, siendo razonable admitir incluso actos dispositivos que tengan por objeto la sustitución de unos bienes por otros cuando así convenga a la conservación de la masa hereditaria o en caso de necesidad y en el marco de una gestión eficiente de la herencia. Fuera de estos casos, la disposición requerirá consentimiento de los herederos.

---

54 Al respecto, arts. 451 a 454 Texto Refundido de las Leyes civiles aragonesas.

A falta de mención expresa en la norma cabe entender que los actos de administración son los referidos a la parte de la herencia de la que pueda disponer el fiduciario en beneficio propio y de los descendientes comunes. Como ha sido señalado por parte de un sector doctrinal, el problema surge en este caso a la hora de concretar su alcance. Al respecto, Garrido de Palma[55] ha entendido que el delegado puede disponer de los bienes de la herencia por causa de necesidad o utilidad con el fin de satisfacer cargas de la herencia o necesidades de los hijos. Sin embargo, otros le niegan tal poder de disposición entendiendo que, salvo que el causante se las haya otorgado, no pueden apreciarse tales facultades en el favorecido con la fiducia, porque corresponde a todos los herederos conjuntamente. García Rubio[56], con base en el art. 801 LEC[57] considera que el administrador ha de tener poder de disposición al menos en los casos exceptuados de la prohibición de enajenar contenidos en el artículo 803.2 de dicho cuerpo legal[58].

---

55 GARRIDO DE PALMA, V.M., "Actualidad", cit., pp. 363 y ss.

56 GARCÍA RUBIO, M.P., "La reformulación", cit., *ADC*, p. 108.

57 Art. 801 LEC: "1. El administrador está obligado bajo su responsabilidad, a conservar sin menoscabo los bienes de la herencia, y a procurar que den las rentas, productos o utilidades que corresponda.
2. A este fin deberá hacer las reparaciones ordinarias que sean indispensables para la conservación de los bienes. Cuando sean necesarias reparaciones o gastos extraordinarios, lo pondrá en conocimiento del Juzgado, el cual, oyendo en una comparecencia a los interesados que menciona el apartado 3 del artículo 793, en el día y hora que a tal efecto se señale por el Letrado de la Administración de Justicia, y previo reconocimiento pericial y formación de presupuesto resolverá lo que estime procedente, atendidas las circunstancias del caso."

58 Artículo 803. "Prohibición de enajenar los bienes inventariados. Excepciones a dicha prohibición.
1. El administrador no podrá enajenar ni gravar los bienes inventariados.
2. Exceptúense de esta regla:
1.º Los que puedan deteriorarse.

5.5. Plazo de ejecución de la fiducia

Una de las cuestiones que ha suscitado alguna duda es si el legitimario queda pendiente del momento en que el fiduciario decida atribuir los bienes para cobrar su parte de legítima porque, de quedar sometido a su decisión podría incluso darse el caso de que el legitimario tuviera que esperar a su fallecimiento para recibir su legítima si así lo hubiese dispuesto el causante en el testamento, lo cual conduce a una decisión no muy beneficiosa para el legitimario[59].

El único pronunciamiento sobre este extremo lo constituye la STS 24 de mayo de 2019[60]. En ella, uno de los cónyuges fallece dejando dos hijos y atribuyendo a su cónyuge supérstite las más amplias facultades reconocidas a la fiduciaria, permitiendo, incluso, que la esposa sobreviviente pudiera realizar las mejoras y demás atribuciones en su propio testamento, dando, por lo tanto, el máximo plazo legalmente posible para el ejercicio de aquellas

---

2.º Los que sean de difícil y costosa conservación.
3.º Los frutos para cuya enajenación se presenten circunstancias que se estimen ventajosas.
4.º Los demás bienes cuya enajenación sea necesaria para el pago de deudas, o para cubrir otras atenciones de la administración de la herencia.
3. El tribunal, a propuesta del administrador, y oyendo a los interesados a que se refiere el apartado 3 del artículo 793, podrá decretar mediante providencia la venta de cualesquiera de dichos bienes, que se verificará en pública subasta conforme a lo establecido en la legislación notarial o en procedimiento de jurisdicción voluntaria. Los valores admitidos a cotización oficial se venderán a través de dicho mercado."

59 RIVAS MARTÍNEZ, J.J., "Supuesto de legitimario que exige, al fallecimiento del testador, el pago inmediato de su legítima estricta". *El notario del siglo XXI*, núm. 56, 2014.

60 RJ 2019\2113. ASÚA GONZÁLEZ, C.I., "Delegación de la facultad de ordenar la sucesión ex art. 831 CC y plazo para recibir la legítima estricta. comentario a la STS de España", *Revista Boliviana de Derecho*, núm. 293/2019, de 24 de mayo (RAJ 2019, 2113), núm. 29, enero 2020, pp. 502-511.

facultades. Se interpone demanda por uno de los hijos por la que reclama el pago de su legítima en el momento de fallecimiento del primero de los cónyuges, con carácter inmediato, y, por consiguiente, sin esperar al fallecimiento del cónyuge supérstite.

El alto Tribunal, destacando el silencio del Código Civil en este punto y la falta de doctrina jurisprudencial determinó que el párrafo tercero del artículo 831 no contempla un régimen específico para el pago de la legítima estricta de los descendientes comunes, por lo que entiende que de la interpretación del citado precepto no cabe extraer una excepción, cuál es la aplicación de un plazo, ya sea el de dos años, previsto para el ejercicio de las facultades del cónyuge fiduciario o bien el del momento del otorgamiento del testamento del cónyuge fiduciario, que resulta contrario a los principios de nuestro sistema sucesorio y carece de cobertura expresa por la norma. Por ello, concluye que en el pago de la legítima estricta de los descendientes comunes no cabe señalamiento de plazo, salvo que la propia norma expresamente lo disponga. Entiende, en consecuencia, que, en aplicación de los principios del sistema sucesorio del Código Civil, la legítima estricta constituye un derecho básico del legitimario cuyo pago no puede quedar sujeto a plazo por el testador, salvo en los casos que expresamente lo disponga la propia norma. Supuestos, entre otros, del art. 1056 CC, caso de la preservación indivisa de una explotación, o del art. 844 CC, caso del pago de la legítima en metálico[61].

Por el contrario, sí que ha quedado previsto de modo expreso que en el supuesto de que no se le hubiere conferido al fiduciario la facultad de hacerlo en su propio testamento o no se le hubiere señalado plazo, tendrá el de dos años contados desde la apertura de la sucesión o, en su caso, desde la emancipación del último de los hijos comunes. En consecuencia, el fiduciario

---

61 BOLÁS ALFONSO, J., "El artículo 831", cit., pp. 93 y ss.

podrá hacer la distribución como mejor le parezca incluso en su propio testamento, con lo que se le está confiriendo la posibilidad de retrasar la distribución de la herencia del primero incluso en contra de la voluntad de los hijos comunes. Por ello se ha entendido que es recomendable en estos supuestos que el causante-comitente prevea en su testamento el reparto de sus bienes para el caso de que el fiduciario-comisionado fallezca intestado o incluso testado, pero sin ejercer las facultades conferidas puesto que de no ser así se abriría la sucesión legal del primero.

6. LÍMITES DE LA FIDUCIA

Conforme al art. 831.3 CC «El cónyuge, al ejercitar las facultades encomendadas, deberá respetar las legítimas estrictas de los descendientes comunes y las mejoras y demás disposiciones del causante en favor de ésos». Por tanto, ni el régimen de las legítimas de los descendientes no comunes, ni las disposiciones del testador resultarán afectadas por el nombramiento del fiduciario que tendrá poderes para intervenir en nombre de los descendientes comunes en los actos de ejecución relativos a dichas disposiciones o legítimas.

La satisfacción de las legítimas y demás disposiciones por parte del fiduciario podrán realizarse tanto con bienes gananciales como privativos del causante o propios atribuyéndole al beneficiario por el mero hecho de la aceptación además de la propiedad, la posesión civilísima de los bienes, salvo que se establezca lo contrario.

La posibilidad de pagar las legítimas no sólo con bienes privativos del causante, sino también con los de la sociedad de gananciales sin liquidar, e incluso con los propios del fiduciario y los bienes en proindiviso ordinario formado por el causante y el fiduciario, supone mutar sus legítimas por una pars valoris o derecho de crédito frente a la herencia, impidiendo que actúen los mecanismos de protección de la legítima pars bonorum. Este criterio es el admitido en la RDGRN de 18 diciembre 2019[62], que remite a los lesionados a ejercitar la acción de rescisión contra los actos del delegado. No obstante, surge el potencial peligro de la tributación de las adjudicaciones contra bienes extra hereditarios como donaciones del fiduciario al beneficiario, que habría de combatirse por la imputación sucesoria sustantiva contra la herencia del causante.

Sobre dicho extremo, la SAP Murcia de 16 noviembre 2020[63] dictaminó sobre un testamento en el que el causante instituyó herederos a sus hijos a partes iguales y confirió a su cónyuge las facultades del artículo 831 del Código Civil, considerando válida la actuación del viudo al apreciar que, en el ejercicio de las facultades conferidas, redujo la porción de algunos hijos a su legítima estricta en cumplimiento de la facultad concedida por el esposo en base al artículo 831 del Código Civil.

Si el cónyuge sobreviviente, facultado por el testador, no respetase la legítima estricta de algún descendiente común o su cuota de participación en los bienes relictos que hubiese ordenado el causante, el perjudicado podrá pedir que se rescindan los actos del cónyuge, en cuanto sean necesarios para la satisfacción del interés lesionado.

Como la rescisión de un acto de distribución y adjudicación está referida a un acto particional, habrá que remitirse a lo prescrito en los artículos 1073 y siguientes del Código civil.

7. LA LIQUIDACIÓN DE LA SOCIEDAD LEGAL DE GANANCIALES POR EL FIDUCIARIO

El artículo termina el párrafo donde describe las facultades del cónyuge añadiendo la siguiente frase «incluidos bienes de la sociedad conyugal disuelta que esté sin liquidar».

62 RJ 2020\801.

63 JUR 2021\36850.

Entre las amplias facultades que el fiduciante puede atribuir al fiduciario, la concerniente a si el fiduciario está legitimado para atribuir bienes a cuenta de la sociedad legal de gananciales sin liquidarla es una de las cuestiones que presenta una mayor dificultad de interpretación porque del tenor literal se desprende que el fiduciario podrá mejorar con cargo a bienes de la comunidad postganancial y atribuir o adjudicar bienes de tal comunidad y proceder al reparto conjunto de los bienes privativos del difunto y de los bienes de la sociedad conyugal, extinta y no liquidada.

El problema se centra en este caso en quiénes son las personas legitimadas para instar el correspondiente procedimiento de liquidación de la sociedad legal de gananciales una vez haya fallecido uno de los cónyuges.

La cuestión se plantea derivada del tenor del art. 831 CC que faculta al cónyuge viudo a repartir y atribuir la herencia incluso la parte correspondiente a la legítima con bienes propios de este último o provenientes de la sociedad de gananciales permitiendo incluso que se puedan atribuir sin que se haya liquidado la sociedad ganancial.

Este precepto se aparta así, no sólo del sistema legitimario previsto en el código civil sino asimismo del régimen para liquidar la sociedad de gananciales, dejando con ello plena disponibilidad al cónyuge supérstite respetando los derechos de los legitimarios.

No obstante, la fórmula propuesta en este precepto no puede calificarse de mera excepción, sino que plantea dificultades cuando se trata de armonizar con las normas que reflejen el sistema vigente.

Una de las controversias que surgen es precisamente la excepcionalidad que representa la facultad de realizar de forma unipersonal la liquidación porque aceptar dicha posibilidad puede mermar los derechos de los hijos no comunes principalmente.

La liquidación es una operación previa y necesaria para determinar el caudal hereditario exclusivo del causante, pero también plantea sus propios problemas[64] puesto que permite que el cónyuge fiduciario pueda ejercitar sus facultades sobre bienes de la sociedad de gananciales disuelta y sin liquidar. Pero esta es una atribución muy peculiar, pues, ya implique una liquidación parcial de la sociedad de gananciales, ya una disposición de bienes concretos sin necesidad de previa liquidación o partición, lo cierto es que se efectúa sólo por el cónyuge fiduciario, sin intervención de los herederos del premuerto[65]. Partiendo de dicha situación tradicionalmente se ha entendido que el viudo puede liquidar la sociedad de gananciales concurriendo con los hijos comunes y los no comunes del causante y, en el caso de existir menores, exigir las representaciones legales pertinentes y en su caso las autorizaciones judiciales correspondientes, sobre todo, habida cuenta de la colisión de intereses, que las haría necesarias siendo éste el mecanismo recomendado en la práctica notarial con el fin de evitar problemas. En contra de que el cónyuge supérstite pueda ejercitar el sólo dicha facultad se argüía que podría suponer una peligrosa autocontratación, ya que se vulnerarían derechos de otros implicados, como los legitimarios e incluso hijos no comunes, por lo que antes de partir la herencia del difunto, el cónyuge viudo podría adjudicarse a sí mismo bienes de la sociedad de gananciales para después en la partición de la herencia liquidar la sociedad de gananciales pasando a concretar los bienes sobre los que recaería su usufructo, ya que las facultades conferidas no le privan como mínimo de su cuota legal. Al hilo de ese entendimiento, en la práctica, es aconsejable que en el caso de que el cónyuge fiduciario desee efectuar la liquidación se tomen las medidas pertinentes para evitar una posible impugnación por colisión de intereses, ya sea

---

64 ESPIÑEIRA SOTO, I., "Reflexiones prácticas", cit., notariosyregistradores.com/web/secciones/oficina-notarial/varios/reflexiones-practicas-sobre-el-articulo-831-del-codigo-civil/.

65 RRDGRN 10 de diciembre de 1998, 25 de febrero de 1999, 11 de diciembre de 1999, 28 de noviembre de 2000, 11 de enero de 2001 y 31 de enero de 2004.

imponiendo la intervención de los herederos, ya sea designando contador-partidor ad hoc por plazo indefinido o exigiendo tasación pericial, como acto previo al ejercicio de las facultades delegadas por parte del sobreviviente, salvo el caso de que la liquidación se efectúe adjudicando todos los bienes en proindivisión.

El único pronunciamiento sobre esta cuestión se encuentra en la SAP de Madrid, de 30 diciembre 2015[66], que admitió la liquidación unilateral de la sociedad de gananciales que efectuó el fiduciario viudo, basándose en que el art. 831.1 CC autoriza la atribución de bienes de la herencia y gananciales sin liquidar la sociedad porque la fiducia excede en funciones la labor del contador partidor y porque el testador había autorizado expresamente al efecto al fiduciario-viudo. Dicha sentencia sigue una posición de mayor flexibilidad, aunque concreta su doctrina al supuesto planteado, en donde quizás pudo ser relevante la existencia de contadores partidores nombrados expresamente en el testamento a fin de salvar la cuestión de la liquidación de gananciales. En este caso, el testador había legado a su cónyuge el tercio de libre disposición, en cuanto no resultara cubierto con la imputación de donaciones inter vivos, legado que se imputaría al pago de la legítima del viudo; atribuyó a su cónyuge las facultades del artículo 831, y nombró contadores-partidores «si el cónyuge viudo considera procedente para la partición de la herencia y la liquidación de la sociedad de gananciales el auxilio de un contador partidor». Además del testamento, otorgó una escritura de liquidación de gananciales, con la concurrencia del cónyuge viudo fiduciario y de los contadores-partidores designados por el causante en su testamento.

Planteada directamente la cuestión de si el cónyuge fiduciario podía unilateralmente otorgar la liquidación de la sociedad de gananciales, el Tribunal contesta afirmativamente, aunque tiene en cuenta y menciona la intervención de los contadores-

---

[66] JUR 2016\54122.

partidores auxiliares. Tras resaltar que las amplias facultades que otorga el artículo 831 del Código Civil al cónyuge fiduciario constituyen una verdadera delegación que, de las suyas propias, realiza el propio causante, manifiesta que puede afirmarse que cuando en el ejercicio de esta delegación el fiduciario ejecuta sus disposiciones ocupa el lugar que corresponde al testador, y asume plenamente sus competencias y facultades. Igualmente destaca, con mención a la STS de 7 de septiembre de 1998[67], que el objeto de una partición hereditaria sólo puede recaer sobre bienes de la exclusiva propiedad del testador, y aunque la otra mitad de gananciales no lo son ello no impide que se permita al testador delegar el ejercicio de la partición de los bienes de su propiedad al cónyuge viudo, que de esta manera queda autorizado a practicar la liquidación de la sociedad de gananciales.

En cuanto a la cuestión de la posible autocontratación en la fiducia sucesoria en relación con la liquidación de la sociedad de gananciales, la Audiencia Provincial descarta la impugnación de la liquidación de gananciales por existencia de autocontrato, al entender que la facultad de liquidar la sociedad de gananciales está comprendida dentro de las conferidas al cónyuge fiduciario[68].

Con posterioridad no existe ningún otro pronunciamiento judicial que haya contribuido a establecer un criterio doctrinal. Lo cierto es, en todo caso, como han calificado algunos autores, que en este extremo el precepto introduce una auténtica revolución[69], puesto que, tanto de la literalidad del precepto, como de la natu-

---

67 TOL5.156.964.

68 Este mismo criterio es compartido por la RDGRN de 18 diciembre 2019 y la RDGSJFP de 2 de julio 2020 sobre el comisario vasco por la concesión de esa facultad por el causante. MARIÑO PARDO, F., "Algunas cuestiones generales sobre la fiducia sucesoria", ult. op. cit.

69 ROMERO-GIRÓN DELEITO, J., "El nuevo artículo 831 CE. La fiducia sucesoria. Una aplicación práctica", *Revista Jurídica del Notariado,* núm. 57, enero-marzo 2006, pp. 221 y ss.

raleza de la fiducia, se desprende que la atribución de los bienes se puede hacer con carácter previo a la liquidación del régimen de gananciales máxime si se considera que lo habitual es que ninguno de los legitimarios solicite la liquidación de la sociedad conyugal, ni la precise el fiduciario, y este ejercite sus facultades de ejecución de la fiducia en su propio testamento, haciendo una partición conjunta de los bienes propios y los del causante de la sucesión en que se le encomendó la delegación. Por ello, como sostiene Rueda[70], tras la redacción de 2003 la liquidación de la sociedad conyugal puede resultar innecesaria en caso de que el supérstite ejercite la facultad delegada en su propio testamento distribuyendo juntamente con su propio caudal, el haber del cónyuge premuerto.

Por otra parte, en las adjudicaciones inter vivos de bienes gananciales deberá expresarse si estas se efectúan con cargo a la participación ganancial del testador o del viudo.

El párrafo tercero del artículo 831 CC citado, no contempla un régimen específico para el pago de la legítima estricta de los descendientes comunes, por lo que, el Tribunal Supremo ha considerado que de la interpretación del citado precepto no cabe extraer una excepción, cuál es la aplicación de un plazo, bien el de dos años previstos para el ejercicio de las facultades del cónyuge fiduciario -párrafo segundo del citado artículo 831-, o bien el del momento del otorgamiento del testamento del cónyuge fiduciario, que «resulta contrario a los principios de nuestro sistema sucesorio y carecen de cobertura expresa por la norma». Por eso ha considerado el Alto Tribunal que en el pago de la legítima estricta de los descendientes comunes no cabe señalamiento de plazo, salvo que la propia norma expresamente lo disponga.

El artículo termina el párrafo donde describe las facultades del cónyuge añadiendo la siguiente frase «incluidos bienes de la sociedad conyugal disuelta que esté sin liquidar».

---

70 RUEDA ESTEBAN, L., "La fiducia sucesoria", cit. p. 374.

Es decir, se podrá mejorar con cargo a bienes de la comunidad postganancial y atribuir o adjudicar bienes de tal comunidad y proceder al reparto conjunto de los bienes privativos del difunto y de los bienes de la sociedad conyugal, extinta y no liquidada.

La RDGRN de 18 diciembre 2019 sobre el fiduciario del art. 831 CC y la RDGSJFP de 2 de julio 2020 sobre el comisario vasco lo admiten por la concesión de esa facultad por el causante.

Otra posible tendencia sería mantener que el cónyuge carece da tal facultad, porque podría suponer una peligrosa autocontratación, ya que se vulnerarían derechos de otros implicados, como los legitimarios e incluso hijos no comunes. Pero, si así fuera, antes de partir la herencia del difunto, el cónyuge viudo podría adjudicarse a sí mismo bienes de la sociedad de gananciales. Después de liquidar la sociedad de gananciales, en la partición de la herencia, podría concretar los bienes sobre los que recaerá su usufructo, ya que las facultades conferidas no le privan de su cuota legal y, y eso como mínimo pues el causante ha podido dejarle más de lo que por legítima le corresponda. Requeriría además intervención conjunta del cónyuge viudo y de los hijos comunes y no comunes del causante y, en el caso de existir menores o incapacitados habría que exigir las representaciones legales pertinentes y, en su caso, las autorizaciones judiciales correspondientes, sobre todo, habida cuenta de la colisión de intereses, lo que las haría necesarias siempre.

En la práctica, parece más prudente que, en el caso de que el cónyuge fiduciario desee efectuar la liquidación, que es una opción entregada a su arbitrio, se tomen las medidas pertinentes para evitar el riesgo de impugnación por colisión de intereses, ya sea imponiendo la intervención de los herederos, ya sea designando contador-partidor ad hoc por plazo indefinido o exigiendo tasación pericial, como acto previo al ejercicio de las facultades delegadas por parte del sobreviviente, salvo el caso de que la liquidación se efectúe adjudicando todos los bienes en proindivisión. Lo habitual es además que ninguno de los legitimarios solicite la liquidación de la sociedad conyugal ni la precise el fiduciario, y éste, ejercite las facultades de ejecución de la fiducia en su propio testamento, haciendo una partición conjunta de los bienes propios y los del causante de la sucesión en que se le encomendó la delegación. Esta circunstancia justifica la inexistencia de jurisprudencia sobre esta materia.

8. RESCISIÓN POR LESIÓN DE LOS ACTOS REALIZADOS POR EL CÓNYUGE FACULTADO

El párrafo segundo del número 3 del artículo 831 CC permite que si el cónyuge sobreviviente, facultado por el testador, no respetase la legítima estricta de algún descendiente común o su cuota de participación en los bienes relictos que hubiese ordenado el causante, el perjudicado podrá pedir que se rescindan los actos del cónyuge, en cuanto sean necesarios para la satisfacción del interés lesionado.

Cuando se solicite la rescisión de un acto de distribución y adjudicación, se tratará de rescindir un acto particional, que habrá que someter a lo previsto en los arts. 1073 y ss. CC.

Esta acción de rescisión durará cuatro años, contados desde que el cónyuge realizó las atribuciones inoficiosas[71].

9. EXTINCIÓN

Los dos últimos párrafos del precepto disponen que las facultades conferidas al cónyuge cesarán desde que hubiere pasado a ulterior matrimonio o a relación de hecho análoga o tenido algún hijo no común, salvo que el testador hubiera dispuesto otra cosa y que las disposiciones de los párrafos anteriores también serán de aplicación cuando las personas con descendencia común no estén casadas entre sí.

---

71 Art. 1076 CC.

Se contempla, por tanto, en principio, como causa de cese de esta facultad de delegación cualquier situación que suponga quiebra de la confianza basada en el vínculo matrimonial o situación de convivencia análoga, que ahora queda equiparada, ya sea por contraer una nueva unión o tener hijos con persona distinta. No obstante, ello no pasa de ser una mera presunción, que quedaría salvada si el causante hubiera incluido una cláusula que dispusiese los contrario en su testamento.

III. Pactos sucesorios

1. PLANTEAMIENTO DE LA CUESTIÓN. 2. CONCEPTO Y CARACTERES. 3. CLASES. 4. LOS PACTOS SUCESORIOS EN EL CÓDIGO CIVIL. A. ORIGEN Y MOTIVOS DE LA PROHIBICIÓN. 5. EL ART. 1271-2° CC Y SU INTERPRETACIÓN JURISPRUDENCIAL. 6. EXCEPCIONES AL PRINCIPIO GENERAL DE NO PERMISIÓN DE PACTOS SUCESORIOS. 7. RAZONES FAVORABLES A LA INCLUSIÓN DE LOS PACTOS SUCESORIOS. 8. PACTOS SUCESORIOS Y EMPRESA FAMILIAR. EL ART. 1056.2 DEL CÓDIGO CIVIL. A. PROTOCOLO FAMILIAR Y PACTOS SUCESORIOS. 9. LOS PACTOS SOCIETARIOS. A. EL PACTO DE CONTINUACIÓN ENTRE LOS SOCIOS SOBREVIVIENTES. B. EL PACTO DE CONTINUACIÓN CON LOS HEREDEROS DEL SOCIO DIFUNTO. 10. PACTOS SUCESORIOS EN EL DERECHO FORAL. A. LOS PACTOS SUCESORIOS EN EL DERECHO ARAGONÉS. B. LOS PACTOS SUCESORIOS EN CATALUÑA. C. LOS PACTOS SUCESORIOS EN GALICIA. D. LOS PACTOS SUCESORIOS EN LAS ISLAS BALEARES. E. LOS PACTOS SUCESORIOS EN EL DERECHO DE NAVARRA. F. LOS PACTOS SUCESORIOS EN EL PAÍS VASCO.

1. PLANTEAMIENTO DE LA CUESTIÓN

Como regla general, el Código civil se muestra contrario a la sucesión contractual, salvo que medie la promesa de mejorar y no mejorar siempre que se realice en escritura pública, en capitulaciones matrimoniales o se haya celebrado en un contrato oneroso celebrado con un tercero o cuando se trate de una donación de bienes futuros para caso de muerte, realizada entre consortes en capitulaciones matrimoniales.

Esta orientación se encuentra formulada en el párrafo 2° del art. 1.271 CC, cuando indica que sobre la herencia futura no se podrá, sin embargo, celebrar otros contratos que aquellos cuyo objeto sea practicar entre vivos la división de un caudal conforme al art. 1.056. La regla se complementa para actos inter vivos con el artículo 635 CC que prohíbe que la donación pueda comprender bienes futuros, entendiendo por tales, aquellos de los que el donante no pueda disponer al tiempo de la donación. Finalmente, también el artículo 658 CC presupone la exclusión de los pactos sucesorios puesto que no incluye la sucesión contractual entre las formas de exteriorizar la voluntad mortis causa.

Además, y como consecuencia de la prohibición general también el Código Civil establece exclusiones concretas de contratos sucesorios típicos. En concreto, el artículo 816 CC prohíbe la renuncia o transacción sobre legítima futura declarando su nulidad y, en la misma línea, el artículo 991 CC prohíbe la renuncia a los derechos que pudieran tenerse en una sucesión no abierta.

No obstante, y a pesar de ello, la importancia de su reconocimiento es notorio principalmente cuando se trata de salvaguardar el patrimonio familiar puesto que su finalidad reside precisamente en regular aquellas situaciones en las que la empresa sea ganancial y los cónyuges manifiesten su voluntad común de atribuir su titularidad a sus herederos comunes.

Entre las distintas modalidades de contratos sucesorios resulta de interés en este caso, el que tiene como finalidad acordar que una persona sea la sucesora de otra que es la que otorga el título de heredero a su favor o, por el contrario, el correspondiente a la estipulación de no suceder a un determinado causante, consistente, por tanto, en la estipulación de un contrato en el que se renuncia a la herencia futura del causante o a uno de los derechos que le pudiera corresponder de esa herencia.

La regulación del fenómeno sucesorio en España sigue permaneciendo prácticamente inalterable desde su plasmación normativa en el Código civil, tanto en su sistema, como en los rasgos que lo definen, a pesar de las reformas operadas en este ámbito, que han supuesto que más de la cuarta parte de sus disposiciones no coincidan con el texto originario promulgado en 1889. Sin embargo, diversos factores obligan a replantear si esta falta de revisión anclada en un sistema, que se presenta como caduco en la actualidad, es acertado y, si sería conveniente afrontar una reforma del derecho de sucesiones, particularmente en los aspectos referidos a la libertad de testar y a la posibilidad de admitir la estipulación de determinados pactos sucesorios, con el fin de impedir el fraccionamiento de patrimonios que requieren mantenerse indivisos y aconsejan realizar en vida una justa y proporcionada distribución de los bienes entre los herederos.

Lejos de lo que pudiera pensarse, el testamento no es el único instrumento hábil para preservar la voluntad del causante. Como demuestra el reconocimiento por parte de las diversas comunidades autónomas de los pactos sucesorios, posibilitar que el causante pueda disponer del mayor número posible de instrumentos no se entiende como un mecanismo de protección sino todo lo contrario. Dicha exclusión, lejos de ser una ventaja, se presenta como un lastre a la libertad del testador al que entorpece su facultad de atribuir determinados bienes y, de forma particular, también constituye un grave obstáculo para la conservación y transmisión de la empresa familiar. Pero no sólo eso. También nuevas situaciones, faltas de regulación adecuada, podrían encontrar en los pactos sucesorios el vehículo propicio que facilitase su adecuación a la realidad actual, como sucede, por ejemplo, con el pacto de alimentos, al igual que un nuevo instrumento que permitiese al causante realizar sus deseos con las menores trabas posibles ante un notorio cambio de circunstancias que no han sido tomadas en cuenta por el legislador pero que es indudable que pueden influir en el ánimo del causante.

En concreto, por el momento no se ha considerado el significativo cambio que la sociedad ha experimentado en las relaciones paternofiliales y en la manera de concebir un modelo sucesorio, basado en un sistema legitimario y en la casi exclusividad del testamento unipersonal como instrumento para el ejercicio del poder de disposición mortis causa. Tampoco se ha apreciado que el incremento de la edad de vida de las personas hace que, en muchas ocasiones, los herederos se encuentren próximos a la edad de jubilación rompiendo el esquema decimonónico, en virtud del cual los hijos esperaban el patrimonio de sus padres para alcanzar una mejor fortuna[72].

El alargamiento de la vida de los causantes genera situaciones en las que los hijos no atienden debidamente a sus progenitores, en el mejor de los casos, o los abandonan, en otros, causándoles una situación de tristeza y desamparo que aboca a muchas de las personas afectadas a rechazar el deseo de dejarles sus bienes y a buscar el mecanismo adecuado para, o bien dejarles lo mínimo dispuesto por la ley, esto es, la legítima estricta, o a utilizar los remedios jurídicos que mejor le permitan adecuarse a su particular decisión.

Por todo ello, parece que los cambios sufridos durante los últimos años, tanto en el orden socioeconómico, como en el ámbito familiar permiten plantear la necesidad de actualizar muchas de las instituciones sucesorias tradicionales, caracterizadas por haberse fraguado en una sociedad en la que prevalecía una economía agraria, vinculada a la tierra, con una esperanza de vida más reducida que la actual, en un entorno en el que las relaciones parentales se basaban en un trato de subordinación y dependencia de los hijos respecto a sus progenitores y, en un modelo único de familia muy distinto al actual en el que el eje ya no es el patrimonio o la heredad sino la convivencia y la afectividad, que responde a necesidades también diferentes.

Sería recomendable por ello que, el derecho de sucesiones adecuase de forma particular sus limitaciones a la facultad de disponer, permitiendo que el individuo pueda disponer del mayor número de instrumentos posibles para estructurar su herencia en el ejercicio de su autonomía de la voluntad armonizando sus deseos a la realidad del momento presente.

---

72 DELGADO ECHEVERRÍA, J., "Una propuesta de política del derecho en materia de sucesiones por causa de muerte", en *Derecho de sucesiones. Presente y futuro.* (XII Jornadas de la Asociación de Profesores de Derecho Civil), Servicio de publicaciones. Universidad de Murcia, 2006, pp. 13- 172.

Dicho desiderátum se complementa con que el estado de opinión por parte de la doctrina es, en su mayor parte, favorable al reconocimiento de los pactos sucesorios como forma de ordenar la sucesión[73]. Así, por ejemplo, este anhelo se hizo patente en el texto preparado por la Asociación de Profesores de Derecho Civil sobre una futura reforma del CC publicado en 2018, que propugna la inclusión de la sucesión contractual como modalidad sucesoria junto a la testamentaria y la intestada[74].

Tampoco se puede ignorar que, junto al Código Civil de 1889, coexiste un elenco de normativas autonómicas que han experimentado un gran desarrollo en los últimos tiempos en algunas Comunidades; en concreto, en Aragón, Islas Baleares, Cataluña, Galicia, Navarra y País Vasco[75], cuya regulación tradicionalmente ha admitido los pactos sucesorios y cuya experiencia puede valer para que sirvan de modelo al legislador de derecho común ante una posible y necesaria reforma del CC en este sentido; y que, en el ámbito comunitario, la promulgación del Reglamento (UE) núm. 650/2012 del Parlamento Europeo y del Consejo, de 4 de julio de 2012, relativo a la competencia, la ley aplicable, el reconocimiento y la ejecución de las resoluciones, a la aceptación y la

---

73 ESPEJO LERDO DE TEJADA, M., La sucesión contractual en el Código Civil. Secretariado de publicaciones de la Universidad de Sevilla, 1999, cita núm. 3; SÁNCHEZ ARISTI, R. Dos alternativas a la sucesión testamentaria: pactos sucesorios y contratos "post-mortem". Comares, Granada, 2003.

74 ASOCIACIÓN DE PROFESORES DE DERECHO CIVIL. Propuesta de Código Civil, Tecnos, Madrid 2018. Con anterioridad, SÁNCHEZ ARISTI, R., "Propuesta para una reforma del Código Civil en materia de pactos sucesorios", en *Derecho de sucesiones. Presente y futuro. XII Jornadas de la Asociación de profesores de Derecho Civil.* Servicio de publicaciones de la Universidad de Murcia, 2006, p. 477 y ss.

75 GALLEGO DOMÍNGUEZ, I., "Relevo generacional y transmisión "*mortis causa*" de la empresa familiar en el Derecho español", *Revista electrónica de direito,* junio 2020, núm. 2, (vol. 22), 2020, p. 38.

ejecución de los documentos públicos en materia de sucesiones mortis causa y a la creación de un certificado sucesorio europeo, propugna una armonización del sistema sucesorio, haciendo notorio el esfuerzo de unificación y el deseo de la UE de ampliar la libertad de testar, al mismo tiempo que dicha pretensión se muestra estrechamente unida a la necesidad de hacer perdurar los negocios familiares evitando su división entre los descendientes.

Finalmente, se ha visto que dicha prohibición ha sido un fuerte impedimento que ha perjudicado los intereses del empresario cuando ha tenido necesidad de mantener indivisa su explotación, aun a pesar de la modificación que se realizó del art. 1056.2° CC, que tampoco ha conseguido subsanar todos los problemas que se le presentan al empresario familiar para ordenar su sucesión ateniéndose a sus deseos y necesidades.

Al hilo de lo expuesto, transcurridos más de ciento cincuenta años desde su promulgación sin que esta materia haya sido objeto de revisión, quizás haya llegado el momento de afrontar la pertinencia o no de mantener esta prohibición en una futura reforma de este cuerpo legal[76].

2. CONCEPTO Y CARACTERES

El pacto sucesorio es una figura controvertida y compleja por la variedad normativa con que ha sido regulada. Esta diversidad se manifiesta en el propio ordenamiento jurídico español, caracterizado por su gran heterogeneidad, que obliga a que el concepto sea muy genérico debió a la pluralidad de figuras que califica como pactos sucesorios.

---

76 REYES LÓPEZ, M. J., "Necesidad de una perspectiva del pacto sucesorio". *Dolencias del derecho civil de sucesiones: 130 años después de la aprobación del Código Civil español.* Pilar María Estellés Peralta (dir.), 2022, pp. 529-580.

Como primera aproximación, y siguiendo a la doctrina más moderna, los pactos sucesorios son acuerdos entre dos o más personas, llamados a regular los efectos de la futura sucesión. Se trata de una forma de ordenación del patrimonio mortis causa de carácter voluntario en la que la voluntad del causante queda vinculada a través del pacto sucesorio al asentimiento de otra u otras personas, de tal forma que el causante no puede revocar unilateralmente las disposiciones realizadas a través de dicho pacto sucesorio, salvo en determinados casos excepcionales, lo que constituye una especial diferencia con el testamento. Precisamente por ello, el contrato sucesorio podrá ser impugnado por el otorgante, a diferencia del testamento, que basta con revocarlo[77]

Los pactos sucesorios, por tanto, forman un tercer modo de vocación de la herencia, junto al testamento y la ley, si bien, el concepto de pacto sucesorio es más amplio que distingue, con carácter general, sin perjuicio de otro tipo de clasificaciones, los pactos de institución, los pactos de renuncia y los pactos sobre herencia de tercero, constituyendo sucesión contractual propiamente dicha únicamente los pactos de institución.

Los pactos sucesorios tienen naturaleza mixta, dotada de una especificidad sui generis propia que participa de la naturaleza jurídica típica de los contratos, dado su carácter irrevocable por una sola de las partes, si bien se otorga por causa de la muerte del disponente (contemplatio mortis) y despliega efectos mortis causa, ya que está llamado a regular la sucesión, o parte de ella, tras el fallecimiento de uno de los contratantes, sin perjuicio de la posible entrega de bienes en vida de ambos. Por ello, los genuinos efectos de los pactos sucesorios, que no todos, se producen una vez que fallece el causante, lo que le otorga una naturaleza mortis causa.

---

[77] DÍEZ PICAZO, L., GULLÓN BALLESTEROS, A., Sistema de derecho civil. Derecho de familia. Derecho de sucesiones. V. IV, 6ª ed. Tecnos, Madrid 1992, p. 507.

Puesto que se trata de la ordenación de una sucesión, a través de pacto sucesorio, con carácter general, se puede instituir heredero al beneficiario, que puede ser otorgante del pacto o puede ser un tercero, o se pueden realizar atribuciones a título particular, lo que equivale a la realización de un legado a través de testamento; también es posible a través de pacto sucesorio renunciar por anticipado a determinados derechos que se pudiera tener sobre la herencia del causante, donde el ejemplo más claro es la renuncia a la legítima.

Frente al carácter estrictamente unilateral del testamento, los pactos sucesorios exigen al menos la concurrencia de dos voluntades, por lo que para su otorgamiento son necesarias como mínimo dos personas, una de las cuales tiene que ser el disponente o futuro causante, esto es, la persona cuya sucesión queda afectada por el contenido del pacto sucesorio. Esta vinculación de las partes al contenido del pacto sucesorio se produce desde el mismo momento en que el pacto sucesorio es otorgado.

Asimismo, de este carácter vinculante deriva también que, con carácter general, los pactos sucesorios sean irrevocables; si bien, las partes pueden consignar en el pacto motivos por los que éste pueda ser revocado por cualquiera de las partes de manera unilateral. Precisamente esta restricción en la libertad de testar es uno de los argumentos que sostienen la prohibición de la sucesión contractual. Sin embargo, algunos autores cuestionan el carácter esencial de la irrevocabilidad entendiendo que, aunque sea una nota característica, se puede eliminar por la voluntad de ambos intervinientes mediante una cláusula que la admita en determinados supuestos o bien si una disposición de ley lo admite[78]. En todo caso, las legislaciones que admiten los pactos sucesorios también prevén generalmente la posibilidad de

---

78 ESPEJO LERDO DE TEJADA, M., La sucesión contractual en el Código Civil, op. cit., nota núm. 8, p. 29.

revocarlos en determinadas situaciones excepcionales, ligadas fundamentalmente a las causas de desheredación o indignidad[79].

El pacto sucesorio adquiere eficacia desde su celebración, aunque dependiendo de su contenido, la plena efectividad no se da hasta el momento de la muerte del causante, sin perjuicio de que se puedan establecer instrumentos para garantizar el cumplimiento del pacto y, por consiguiente, preservar su carácter irrevocable.

3. CLASES

La tipología de pactos sucesorios es plural. La doctrina suele establecer tres categorías genéricas atendiendo a la finalidad del pacto, cuya estructura, finalidad y fundamento no son del todo coincidentes: el pacto institutivo, el renunciativo y el dispositivo.

a. Pactos positivos, adquisitivos o institutivos o de succedendo.

Estos pactos son los más típicos y presentan un contenido variado. Son aquellos actos bilaterales en los que los contratantes pueden instituirse herederos recíprocamente, sucediendo el superviviente al premuerto o pactarse que uno de los contratantes será el heredero del otro sin que medie reciprocidad o que el heredero será un tercero, que o bien pueda heredar de uno o de ambos otorgantes.

En éstos, se constituye un derecho sucesorio por parte del disponente a favor de una persona, otorgante o no, en la totalidad de la herencia o de una cuota mediante la institución de heredero o, a través de legados, de elementos singulares del patrimonio.

El futuro causante, al estar vinculado por las disposiciones realizadas a través del pacto sucesorio, pierde de manera correlativa sus facultades de disposición mortis causa. Al no poder

---

79 Art. 431-13 Código Civil de Cataluña.

revocar unilateralmente lo dispuesto en el pacto sucesorio las posteriores ordenaciones mortis causa que realice el causante y que contraríen el contenido del pacto sucesorio, serán ineficaces.

Por su propia naturaleza, las disposiciones contenidas en un pacto no pueden ser modificadas o revocadas, salvo que el propio pacto contenga un mecanismo que así lo prevea o que las partes contratantes así lo dispongan en un nuevo pacto. En este sentido, el pacto sucesorio vincula a las partes y su modificación o revocación únicamente puede provenir del acuerdo de todos los contratantes.

En estos pactos, el causante no podrá posteriormente realizar una disposición mortis causa que contraríe el contenido del pacto cuando se instituya heredero o legatario a través de este; de ahí, la limitación de su capacidad de disponer para después de la muerte.

b. Los pactos renunciativos, negativos, o de non succedendo.

Son aquellos en los que uno de los otorgantes renuncia de manera anticipada a algún o a todo derecho sucesorio sobre la herencia no abierta del otro otorgante que pudiera tener, de acuerdo con el futuro causante.

c. Pactos sobre la sucesión de un tercero o pacto de hereditate tertii.

En estos pactos los otorgantes realizan estipulaciones sobre la herencia futura de un tercero que no participa en el contrato.

Este tipo de pactos no vincula al futuro causante que, por lo tanto, no ve modificada su capacidad de disposición mortis causa. Por ello, es opinión generalizada por parte de la doctrina entender que esta modalidad no interfiere en el fenómeno sucesorio al faltar el elemento de la vinculación del futuro causante al pacto[80].

---

80 LACRUZ BERDEJO, J.L., SANCHO REBULLIDA, FR., *"Derecho de sucesiones"*, Elementos de derecho civil, V, Bosch, Barcelona, 1981, p. 382.

4. LOS PACTOS SUCESORIOS EN EL CÓDIGO CIVIL

Uno de los grandes obstáculos que encuentra la admisión de los pactos sucesorios en el Código civil es que su sistema sucesorio se asienta en el criterio que considera como principio permitir al causante cambiar de voluntad hasta el mismo momento de su fallecimiento. Esto hace que el testamento sea configurado como un acto esencialmente libre y revocable[81].

Contrariamente, sin embargo, uno de los efectos de los pactos sucesorios es que limita la libertad de testar, ya que el testador vincula su voluntad sucesoria a la de otra persona en el documento, de forma que posteriores declaraciones de voluntad que se realizan en testamento o en donación se verían limitadas por lo suscrito en el pacto. Dicha idea ha sido sin embargo rebatida con el planteamiento de que la inclusión de los pactos como una nueva forma de testar supone, a pesar de una restricción de la autonomía del testador, una ampliación de la libertad de testar formal, al dar al causante todas las formas posibles para ordenar su sucesión[82].

Por dicho motivo, el pacto sucesorio por el que se adoptan disposiciones sobre la sucesión futura de alguna de las partes instituyendo heredero o estableciendo un legado, se ha considerado tradicionalmente una reminiscencia feudal, que se encontraba recluida en los países de tradición latina; sin embargo, ha ido adquiriendo un mayor protagonismo en cuanto se ha constatado que se trata de un negocio jurídico útil para ordenar la sucesión, señaladamente para la transmisión mortis causa de la empresa familiar. En efecto, los problemas que acarrea el testamento para

---

81 Señala el art. 737.1 del CC: "*Todas las disposiciones testamentarias son esencialmente revocables, aunque el testador exprese en el testamento su voluntad o resolución de no revocarlas*".

82 ROCA SASTRE, R.M., "La sucesión contractual en Derecho común y en las legislaciones forales", en *Estudios de Derecho Privado*, II, Madrid 1948, p. 400.

llevar a cabo tal transmisión y las limitaciones intrínsecas del protocolo familiar como instrumento de planificación sucesoria en ese ámbito han planteado la oportunidad de introducir otros negocios jurídicos mortis causa que se ajusten a las necesidades socioeconómicas del momento. A tal fin, en algunos ordenamientos, se ha realizado una actualización y adaptación de figuras en claro desuso, con el objetivo manifiesto de potenciar su eficacia y de adecuar su regulación a la realidad socioeconómica[83].

Como regla general, el Código Civil se muestra contrario a la sucesión contractual[84], salvo que medie la promesa de mejorar y no mejorar siempre que se realice en escritura pública, en capitulaciones matrimoniales o se haya celebrado en un contrato oneroso celebrado con un tercero o cuando se trate de una donación de bienes futuros para caso de muerte, realizada entre consortes en capitulaciones matrimoniales.

Esta orientación se encuentra formulada en el párrafo 2º del art. 1271 del Código Civil, cuando indica que sobre la herencia futura no se podrá, sin embargo, celebrar otros contratos que

---

83 FONT I SEGURA, A., "La ley aplicable a los pactos sucesorios", *InDret*, mayo 2009, p. 4.

84 No así en los derechos sucesorios autonómicos. Bayod López, C., La sucesión paccionada en la Ley aragonesa de sucesiones por causa de muerte (Reflexiones y comentarios). *RDCA*, núm. 1, 2000, pp. 37-98. CERDÁ ALBERO, F., "La successió en la empresa familiar". *El nou dret successori del codi civil de Catalunya: materials de les Quinzenes Jornades de Dret Català a Tossa*, Tossa de Mar, 25 i 26 de setembre de 2008, 2009, pp. 181-206; LLei 10/2008, del 10 de juliol, del llibre quart del Codi civil de Catalunya, relatiu a les successions; Ley 1/1999, de 24 de febrero, de sucesiones por causa de muerte, en el derecho aragonés; Ley 2/2006, de 14 de junio, de Derecho Civil de Galicia; Ley 3/1992, de 1 de julio, de derecho civil foral del País vasco; Compilación de Derecho Civil de las Islas Baleares, aprobada por Decreto Legislativo 79/1990, de 6 de septiembre; Ley 1/1973, de 1 de marzo, por la que se aprueba la Compilación del Derecho Civil Foral de Navarra.

aquellos cuyo objeto sea practicar entre vivos la división de un caudal conforme al art. 1056[85]. La regla se complementa para actos inter vivos con el artículo 635, que prohíbe que la donación pueda comprender bienes futuros, entendiendo por tales, aquellos de los que el donante no pueda disponer al tiempo de la donación[86]. También el artículo 658 presupone la exclusión de los pactos sucesorios puesto que no incluye la sucesión contractual entre las formas de exteriorizar la voluntad mortis causa. Pero, además de lo expuesto, y como consecuencia de la prohibición general, el Código Civil establece también exclusiones concretas de contratos sucesorios típicos: el artículo 816 prohíbe la renuncia o transacción sobre legítima futura declarando su nulidad y, en la misma línea, el artículo 991 prohíbe la renuncia a los derechos que pudieran tenerse en una sucesión no abierta. No obstante, y a pesar de ello, la importancia de su reconocimiento es notoria para la salvaguarda del patrimonio familiar puesto que su finalidad radica precisamente en regular aquellas situaciones en las que la empresa sea ganancial y los cónyuges manifiesten su voluntad común de atribuir su titularidad a los herederos comunes[87].

Entre las distintas modalidades de pactos sucesorios resulta de especial interés, el que tiene como finalidad acordar que una persona sea la sucesora de otra, que es la que otorga el título de heredero a su favor o, por el contrario, el correspondiente a la estipulación de no suceder a un determinado causante, consistente, por tanto, en la celebración de un contrato en el que se renuncia a la herencia futura del causante o a uno de los derechos que le pudiera corresponder de esa herencia, por ejemplo,

---

85 SÁNCHEZ ARISTI, R., Dos alternativas a la sucesión testamentaria: pactos sucesorios y contratos *post-mortem*. Comares, Granada, 2003, pp. 53 y ss.

86 CERDÁ GIMENO, J. Pactos Sucesorios. Tirant lo Blanch, Valencia, 2009. La prohibición de la sucesión contractual. Tirant lo Blanch, Valencia, 2008.

87 EGEA FERNÁNDEZ, J., "Protocolo familiar y pactos sucesorios". *Indret,* julio 2007, pp. 11 y ss.

en los heredamientos catalanes, fundamentales históricamente para evitar la atomización de las explotaciones rústicas, en los que los padres nombran heredero al contrayente que va a permanecer trabajando en la explotación y éste, con su cónyuge, se obligan a nombrar a un hijo nacedero.

El artículo 826 CC deja uno de los pocos resquicios en Derecho común para un acto de última voluntad irrevocable, al dar validez a las promesas de mejorar y no mejorar, hechas por escritura pública en capitulaciones matrimoniales, y añadir que la disposición del testador contraria a la promesa no surtirá efecto.

En el supuesto de una empresa familiar en cuya segunda generación concurren varios hijos, de los cuales uno trabaja en la empresa y los demás se dedican a otras actividades –situación frecuente en la Comunidad Valenciana, al menos en el pasado, donde en muchos supuestos los hijos mayores eran considerados capital de trabajo mientras que los menores podían permitirse cursar estudios ajenos a la empresa-, cabe por tanto retribuir al hijo trabajador mediante una mejora sobre la propia empresa.

Si se realiza en testamento, la disposición es revocable, con el riesgo consiguiente de un posterior cambio de voluntad. La solución apunta, por lo tanto, al establecimiento de un pacto capitular cuyo objeto sea prometer la mejora a cambio de determinadas condiciones, como pueda ser seguir permaneciendo en la empresa...

4.1. Origen y motivos de la prohibición

El modelo español es fiel reflejo de la tradición romanista, que no conoció la figura del pacto sucesorio de forma sistemática, en contraposición al sistema germánico que reconocía en los pactos sucesorios un instrumento adecuado para organizar la sucesión en vida del causante.

La tradición romanista parte de la idea de que la voluntad del hombre es mudable hasta la muerte, por lo que no puede quedar vinculada con el nombramiento de un heredero. Junto a ello también se alegaba el votum mortis, es decir, que el instituido por contrato fácilmente podía desear la muerte del instituyente con el fin de heredar lo antes posible.

La prohibición de estos pactos sucesorios responde a criterios de política legislativa, basados en antecedentes históricos, vinculados a la necesidad de crear normas para impedir la creación de mayorazgos, que, en la etapa codificadora propugnó su prohibición absoluta, recogiendo la influencia del derecho romano en el Fuero Real y en las VII Partidas. En concreto, el precedente de la prohibición de los pactos sucesorios se encuentra recogido en la Ley 13, Título V de la Partida V, que preveía su nulidad aun cuando se contase con el consentimiento del causante[88], si bien las Leyes 17 y 22 de Toro introdujeron ya alguna atenuación al recoger las promesas de mejorar y de no mejorar.

Posteriormente, los trabajos de preparación del Código civil, caracterizados por ser fiel reflejo del espíritu liberal, pretendieron favorecer la subdivisión de las propiedades, que iba en contra del propósito de los pactos sucesorios, centrados en la concentración e indivisibilidad de la propiedad. Dicha idea quedó recogida en el proyecto de Código de 1836, cuyo art. 936 recoge la prohibición de los pactos sucesorios y queda reiterada en el proyecto de Código civil de 1851 de García Goyena, que, en su art. 994 recoge ya en sede contractual, bajo una sección rubricada "de la naturaleza y objeto de los contratos" los contratos sobre cosas futuras, si bien exceptuaba los contratos que recayeran sobre herencia futura. No obstante, incluso en el proyecto de 1851 de García Goyena, se mantenía por tradición la validez de algunos pactos como la promesa de mejorar o de no mejorar, las donaciones mortis causa consistentes en una cosa específica

---

88 Amplia exposición en GARCÍA RUBIO, M.P., "Pactos sucesorios en el Código civil. En la Ley de Derecho de Galicia", *Tratado de derecho de sucesiones*. T.I., Thomson Reuters, Cizur Menor (Navarra), 2011, pp. 1262 y ss.

no fungible o las donaciones irrevocables para después de la muerte del donante, por razón de matrimonio de un tercero[89].

El Anteproyecto de Código Civil de 1882-1888 recogió la prohibición de pactos sucesorios en tres de sus preceptos; en concreto, en el art. 1284 en sede contractual, con una redacción similar a la del art. 994 del Proyecto de 1851; en el art. 1331 respecto de los contratos matrimoniales y en el art. 801 en relación con la renuncia a la herencia futura, pasando finalmente dicha norma a quedar recogida en el Código civil de 1889, que insertó la regla general prohibitiva entre las normas de los contratos en el art. 1271.2 CC, posteriormente modificado en la segunda y definitiva edición y la renuncia anticipada o transacción sobre legítima futura declarando la nulidad de la legítima en el art. 816 CC en sede sucesoria[90]; en la misma línea, el artículo 991 CC prohíbe la renuncia a los derechos que pudieran tenerse en una sucesión no abierta.

En la actualidad, el sistema previsto en el Código Civil español sigue sin reconocer la libertad de testar y, como norma general, no admite la designación de sucesor mediante pacto, a excepción de los establecidos por razón del matrimonio, como resulta del art. 1271.2 de dicho texto legal. Se reconoce, no obstante, alguna concreta excepción, como puede ser la promesa de mejorar o de no mejorar hecha en capitulaciones matrimoniales (art. 826 CC), la donación de bienes futuros hecha en capitulaciones antenupciales por los futuros cónyuge para el caso de muerte (art. 1341.2 CC) y, según la literalidad del art. 1271.2 CC, en relación con la herencia futura, sólo se podrán celebrar los contratos "de división de un caudal y otras disposiciones particionales, conforme a lo dispuesto en el art. 1056" del Código civil C. Por el contrario, los pactos sucesorios son admitidos en

89 GARCÍA GOYENA, F., Concordancias, motivos y comentarios del Código civil español, Madrid 1974, p. 529.

90 GARCÍA RUBIO, M.P., "Pactos sucesorios en el Código Civil. En la Ley de Derecho de Galicia", cit., p. 1267.

algunos Derechos civiles territoriales como sucede en Aragón, Islas Baleares, Galicia, Cataluña, Navarra y País Vasco.

Como regla general, por tanto, nuestro Código se muestra contrario a la sucesión contractual, resultado también de la influencia del Code sobre nuestro régimen jurídico sucesorio, que pretendía impedir la desigualación arbitraria de los hijos, al poder seguir existiendo, en la práctica, las vinculaciones y los mayorazgos[91], como se infiere del art. 658 CC, que presupone la exclusión de los pactos sucesorios al no incluir la sucesión contractual entre las formas de exteriorizar la voluntad mortis causa.

Esta orientación se apoya, entre otros motivos, en la naturaleza del objeto sobre el que recaen los pactos sucesorios, que contiene la particularidad de ser un objeto futuro que queda indeterminado hasta el momento del fallecimiento del causante, que se encuentra formulado de modo particular en el párrafo 2º del art. 1271 CC, cuando indica que sobre la herencia futura no se podrá, sin embargo, celebrar otros contratos que aquellos cuyo objeto sea practicar entre vivos la división de un caudal conforme al art. 1056 y, en el art. 1674 CC, que dispone que: "En la sociedad universal de todos los bienes presentes, pasan a ser propiedad común de los socios los bienes que pertenecían a cada uno, así como todas las ganancias que adquieran con ellos.

Puede también pactarse en ella la comunicación recíproca de cualesquiera otras ganancias; pero no pueden comprenderse los bienes que los socios adquieran posteriormente por herencia, legado o donación, aunque sí sus frutos".

Esta regla se complementa para actos inter vivos con el artículo 635 CC, que prohíbe que la donación pueda comprender bienes futuros, entendiendo por tales, aquellos de los que el

---

91 RAMS ALBESA, J., "Comentario al art. 1.271 Código Civil", *Comentarios al Código Civil y Compilaciones Forales,* t. XVII, 1°, B, Edersa, Madrid 2004, pp. 465 y ss.

donante no pueda disponer al tiempo de la donación y con lo dispuesto en el art. 655 CC, que impide que los legitimarios o los que tengan una parte alícuota de la herencia y sus herederos o causahabientes puedan renunciar a su derecho de pedir la reducción de la donación durante la vida del donante, ni por declaración expresa, ni prestando su consentimiento a la donación. Pero, además y como consecuencia de la prohibición general, el Código Civil establece también prohibiciones concretas de contratos sucesorios típicos; en concreto, el artículo 816 CC proscribe la renuncia o transacción sobre legítima futura entre el que la debe y sus herederos forzosos, pudiendo reclamarla cuando muera aquél pero debiendo traer a colación lo que hubiesen recibido por la renuncia o transacción y, en la misma línea el artículo 991 CC, niega la renuncia a los derechos que pudieran tenerse en una sucesión no abierta.

Basándose en el carácter contractual, se argumenta igualmente que, en contra del principio de revocabilidad que caracteriza al testamento, el contrato sucesorio priva al causante de la posibilidad de revocación de las disposiciones mortis causa contenidas en aquel, en consonancia con el clásico aforismo pacta sunt servanda y de acuerdo con el principio general de irrevocabilidad unilateral de los contratos, consagrado en el artículo 1256 CC. En consecuencia, cualquier cambio sobrevenido en las circunstancias que determinaron la celebración del contrato no autorizaría al causante para dejar sin efecto o modificar sus estipulaciones, si bien ello podría realizarse mediante el mutuo acuerdo de las partes contratantes o bien mediante la introducción consensuada de alguna causa de revocación.

Con este mismo argumento se ha visto en los pactos sucesorios una forma de restringir la libertad del causante. Este criterio sin embargo no es compartido por la doctrina en la actualidad ya que, como se ha señalado, el que impera mayoritariamente es el de sostener que la inclusión de una nueva forma de testar supone una ampliación de la libertad de testar formal, al dar al causante todas las formas posibles para ordenar su sucesión[92].

Finalmente, aunque como criterio desfasado en la actualidad debido a la existencia de negocios jurídicos cuya eficacia jurídica no se rebate y que tienen como presupuesto precisamente la muerte de una persona, como sucede en el seguro de vida..., también se alega el carácter inmoral que podía suponer el establecimiento de pactos cuya eficacia contractual se hacía depender del fallecimiento de una persona.

5. EL ART. 1271.2º CC Y SU INTERPRETACIÓN JURISPRUDENCIAL

El criterio que quedó recogido en el párrafo 2º del art. 1271 CC siguiendo los criterios del Derecho romano, es que el contrato sucesorio estaba prohibido en cuanto se pretendiera realizar un llamamiento hereditario[93].

Como afirma la RDGRN de 14 de junio de 2012[94], el Código Civil siguiendo la tradición histórica del Derecho Romano y de Las Partidas (5, 11, 33), y con las atenuaciones de Las Leyes de Toro (17 y 22), prohíbe, con carácter general, los pactos sobre la herencia futura, admitiéndolos en la mejora, a través de las promesas de mejorar y no mejorar, y también en el caso de la donación de bienes futuros para caso de muerte hecha entre cónyuges en capitulaciones matrimoniales (cfr. artículos 658, 826, 827, 1271 y 1341 del Código Civil). El principio de libertad de testar, y con ello la posibilidad de revocar en cualquier momento toda disposición

---

92 ROCA SASTRE, R.M., "La sucesión contractual en Derecho común y en las legislaciones forales", *Estudios de Derecho Privado,* ult. op. cit.

93 ESPEJO LERDO DE TEJADA, M., La sucesión contractual en el Código Civil, op. cit., p. 58.

94 RJ 2012\10056.

testamentaria, fundamentan esta prohibición (cfr. art. 737 del Código Civil). En todo caso, como dice la SAP León, 31 julio de 2015[95] los pactos sucesorios son nulos con o sin contraprestación.

En general, al hablar de pactos sucesorios se está pensando en un convenio sobre la propia herencia de una persona, pero la prohibición también incluye cualquier pacto entre presuntos herederos sobre la herencia de un tercero, como por ejemplo, el pacto entre hermanos sobre la herencia futura de su padre a que se refiere la SAP Granada, Sección 3ª, 16 de diciembre de 2002 para señalar su nulidad radical por la transgresión de preceptos prohibitivos[96].

La finalidad primordial del precepto es evitar que el causante vea impedida su libertad dispositiva mortis causa al poder revocar el testamento en cualquier momento en vida del testador. Como destaca la SAP Asturias, 30 de octubre de 2015[97], el fundamento de la prohibición se encuentra en la sospecha de falta de libertad de las personas que intervienen, evitando que una persona pueda perder por esta vía su propio patrimonio bajo una apariencia voluntaria, dada la influencia que las relaciones de familia tienen entre sus miembros[98]. Asimismo, como argumenta la SAP Valencia, 30 de diciembre de 2014[99], con la prohibición contenida en el artículo 1271 del Código Civil se trata de eludir que el hecho de pactar acerca de la propia herencia o de la de un tercero genere en el favorecido el deseo de la muerte del disponente.

Este precepto, en efecto, suscita críticas porque la regla general prohibitiva no se considera adecuada. De hecho, el criterio jurisprudencial ha establecido que la prohibición del pacto sobre herencia futura no se refiere a bienes concretos y determinados y existentes

---

95 SAP núm. 199/2015, (TOL5.423.952).

96 JUR 2003\74420.

97 SAP núm. 389/2015, (TOL5.584.997).

98 FJ 2º.

99 SAP núm. 446/2014, (TOL4.792.193).

al tiempo de su otorgamiento en el dominio el causante sino a los que tengan por objeto una universalidad o una cuota de la herencia.

Los escasos pronunciamientos judiciales habidos sobre este extremo justifican dicho parecer, señalando que dicho cuerpo legal "no hace sino continuar con la tradición establecida tanto por la legislación romana como por las leyes de Castilla, que sancionaban por razones de pública moralidad este principio, declarando la ley 2.ª, título 6.º, libro 28 del Digesto, que no era justo tratar sobre la herencia del que está vivo (…), preceptos reconocidos por las leyes de Partida, al establecer la ley 13.ª, título 5.º, Partida 5.ª, que no se puede vender la esperanza de heredar", como expuso la STS 3 junio 1902 y la posterior de 4 de mayo de 1910[100], sobre un pacto contenido en una escritura de 30 de mayo de 1888 referido a Cataluña, donde regía la legislación romana, mediante el que dos hermanas sujetaron a reversión recíproca y para después de su muerte unos bienes determinados. En dicho caso, la recurrente alega que el pacto coarta su libertad de testar. La Sala razona que para cohibir la libertad de testar no basta con el solo hecho de someter el cumplimiento de una estipulación a una condición determinada; así como, que no cabe atribuir a tal convención el concepto jurídico de pacto sobre sucesión futura porque para llegar a esa calificación de tanta transcendencia es necesario que se trate "no de un grupo o conjunto parcial de bienes propios sino de herencia no diferida, de una universalidad patrimonial". El Tribunal Supremo afirma que estos principios informan la legislación romana recogida en la de Castilla, especialmente en la ley 33, tít. 11, Partida 3ª y señala además que la excepción de herencia no causada no se puede dar cuando se trata de bienes adquiridos o con realidad presente, no por adquirir; que es lícito contratar sobre cosas y hechos futuros y, que la libertad contractual permite estas estipulaciones que tienen un propósito lícito y moral.

---

100 JC, 1910, 2.

La STS de 8 octubre de 1915[101] se pronunció sobre un contrato privado en el que los dos únicos herederos acordaron un reparto de bienes según el cual a la hermana le correspondían dos fincas rústicas y al hermano el resto del capital, pactando que este transmitiría en testamento los bienes sobrantes, después de pagar las deudas, a favor de una sobrina, que era hija natural de la hermana, mientras que, a los demás hijos de la hermana les reconocería alguna cosa. El Tribunal Supremo reconoció la validez de dicho pacto alegando que "se refiere a bienes conocidos y determinados existentes cuando tal compromiso se otorgó, y no a la universalidad de la herencia que, según el artículo 659 del citado Código civil, se determina a la muerte del causante".

También la RDGRN de 19 mayo 1917[102] declaró válido el pacto en el que dos esposos compradores por partes iguales y proindiviso de una finca establecieron que a la muerte del primero el superviviente adquiriría la totalidad de la finca, fundamentando que el Código civil declarando que no : "no es aplicable al caso presente el (...) artículo 1271 del Código civil, que prohíbe celebrar contratos sobre la herencia futura, porque en la recíproca cesión otorgada por los compradores indicados, de igual manera que en la constitución de rentas vitalicias, alimentos, seguros, retiros, usufructos o combinaciones tontinas para auxilios a la vejez, se establecen pactos aleatorios que sin comprender directamente la herencia futura ni estar inspirados en un concepto técnico o vulgar de sucesión hereditaria, ni asumir el carácter odioso del pacto corvino, se refieren a la muerte como punto de arranque de derechos y obligaciones o de la adquisición de derechos reales".

La STS de 16 de mayo de 1940[103] pone de manifiesto la inexistencia de un único tipo de negocio de atribución de bienes a título particular. Su objeto versa sobre un contrato de renta vitalicia,

---

[101] JC, 1915, 28

[102] Anuario DGRN, 1917, p. 191.

[103] RJ/1940/416 bis.

al que se incorporan las estipulaciones de pagar determinados créditos de un hermano, y de dar a su muerte una cantidad igual al importe del capital que se recibe, con deducción de las deudas y gastos del mismo. El TS determinó que: "Que, según la doctrina sentada por esta Sala, entre otras, en sus Sentencias de 8 de octubre de 1915 y 26 de octubre de 1926, y por la Dirección General de los Registros en su Resolución de 19 de mayo de 1917, la prohibición establecida en el mencionado artículo del Código se refiere única y exclusivamente a los pactos sobre la universalidad de una herencia que, según el artículo 659 del repetido Código, se determina a la muerte del causante, constituyéndola todos los bienes, derechos y obligaciones que por ella no se hayan extinguido, pero no cuando el pacto se refiere a bienes conocidos y determinados existentes cuando tal compromiso se otorgó en el dominio del cedente; y aplicando dicha doctrina al caso actual, claro resulta que no está comprendido en la prohibición aludida, pues se dispuso de bienes conocidos y determinados propios con bastante anterioridad al contrato, que pasaron desde la fecha del convenio al dominio de su hermano, es decir, muchos años antes del fallecimiento del cedente, y lo concertado en la cláusula discutida no fue la distribución entre sus hermanos, de no tener hijos, de los bienes cuyo dominio había perdido desde la fecha del contrato, sino la obligación que se aceptó de repartir una cantidad igual al importe de dichos bienes de su propio peculio".

El fallo de la STS de 12 de diciembre de 1958 declaró que el párrafo 2° del art. 1271 CC no impide que el dueño de los bienes disponga de ellos a los efectos de su explotación en la forma que estime conveniente a sus intereses, siendo claro que el creador de una empresa mercantil tenga interés en que perdure en forma de colectiva de carácter normalmente familiar, integrándola con sus hijos, herederos de su cónyuge y copartícipe de los bienes, si éstos muestran su conformidad con el contrato de sociedad y en él intervienen como contratantes.

Por otro lado también se ha llegado a admitir la validez de ciertos pactos relativos a sucesiones aún no abiertas y deferidas, tales como la renuncia o el pago anticipado de una legítima futura, o bien pactos sobre bienes conocidos y determinados pertenecientes al futuro causante, existentes en el momento de su celebración, al haberse considerado por el Tribunal Supremo en alguna de sus sentencias que la prohibición contenida en el artículo 1271.2 CC se refiere únicamente a los pactos sobre la universalidad de una herencia, pero no sobre bienes concretos y determinados como puso de manifiesto la STS 22 de julio de 1997[104]. Esta misma línea siguieron las RRDGRN de 21 de enero de 1991[105] y 6 de marzo de 1997[106].

Por último, y a pesar de ser constitutivo de un verdadero pacto sucesorio, se llegó a reconocer validez y eficacia al supuesto en el que el adoptante se obligaba a instituir heredero al hijo adoptivo por acto simple o mediante escritura pública de adopción, porque "no obstante el criterio prohibitivo que en materia de sucesión contractual inspira los preceptos del Código Civil, es lo cierto que dicho Código contiene diversas normas que se separan de ese criterio, entre las que figura el artículo 177"[107].

En la STS de 5 de junio de 1985[108], los hijos del causante y la viuda pactaron la atribución del bazar a la madre, estipulando, que, en el momento del fallecimiento de la madre, la hija, que estaba en calidad de arrendataria del local, adquiriría la propiedad de dicho establecimiento y debería compensar a su hermano tras la tasación pericial, lo que resultase. El Tribunal

---

104 RJ 1997, 5807.

105 RJ 1991, 592.

106 RJ 1997, 2033. REQUEIXO SOUTO, X. M., "Pactos de atribución particular *post mortem*. Ámbito del artículo 1271, ap. 2.º, del Código civil", *ADC,* pp. 1753 y ss.

107 SSTS de 30 de mayo de 1951 (RJ. 1636), 30 de noviembre de 1977 (RJ. 4601), 30 de mayo de 1978 (RJ. 1953) y 5 de octubre de 1991 (RJ. 6889). En igual sentido, RDGRN de 16 de junio de 1979 (R. 2593).

108 RJ/1985/3095.

Supremo consideró que no es un pacto sobre la herencia futura de la madre al no haber adquirido el bien con libre disposición, sino con la condición de revertirlo a su muerte a favor de la hija.

De igual modo se pronunció posteriormente la STS de 22 de julio de 1997[109], con cita de las SSTS de 2 de octubre de 1926, 16 de mayo de 1940 y 25 de abril de 1951, valorando que: "...la Administración de Loterías «aun cuando figure oficialmente a nombre de uno u otro de los comparecientes o de sus herederos, sea de propiedad por iguales mitades indivisas de ambos, percibiendo también por mitad los beneficios que dicha Administración produzca».

La SAP de A Coruña de 26 de abril de 2002[110] debate sobre la validez de un contrato en el que las tres únicas hijas de la futura causante pactaron, en vida de la madre, que, a cambio de percibir una cantidad de dinero se comprometían a vender a una tercera persona la totalidad de la herencia que les correspondiera por su madre. En este caso, el Juzgado declaró la nulidad radical del contrato de compraventa por infracción del artículo 1271, ap. 2.°, CC, pero, en cambio, la Audiencia Provincial, lo consideró válido, apelando una vez más a que la doctrina del Tribunal Supremo, de forma constante, reiterada, mantenida en el tiempo, y sin ninguna fisura, ha establecido que el artículo 1271.2° se refiere exclusivamente a la prohibición de pactos sobre la universalidad de una herencia, que según el artículo 659 del Código Civil, se instaura a la muerte del causante, integrándola todos los bienes, derechos y obligaciones subsistentes y proclama la validez del pacto cuando se refiere a bienes conocidos y determinados, existentes al tiempo del otorgamiento del contrato en el dominio del causante, o que hubieren de adquirirse por título de heredero (SSTS de 2 o de 8 de octubre de 1915; 26 de octubre de 1926; 16 de mayo de 1940; de abril de 1951; 3 de marzo de 1964 y 22 de julio de 1997). En este caso, no obstante, aunque la Sala muestra

109 RJ/1997/5807.

110 AC/2002/2225.

alguna reserva sobre la interpretación, teniendo en consideración la uniformidad jurisprudencial estima que debe aplicarse.

Posteriormente, la SAP Cuenca de 30 de octubre de 2009[111] considera, aunque es un razonamiento obiter dicta, que un pacto suscrito por los hijos de la causante en vida de esta, no alcanza ni comprende la universalidad de la herencia de D. R. sino que se refiere a un acuerdo sobre las participaciones que pudieran ostentar los herederos sobre un bien concreto y determinado que existe, en ese momento, en el dominio de la causante, pacto al que no alcanza la prohibición contenida en el artículo 1271.2 del Código Civil. La Audiencia Provincial de Cuenca fundamenta su decisión apelando al criterio de que el Tribunal Supremo declara esta doctrina constante, uniforme y reiterada en el tiempo, sin fisura alguna relativa a derechos conocidos y determinados, existentes al tiempo del otorgamiento del contrato en el dominio del causante, o que hubieren de adquirirse a título de heredero, citando el criterio contenido en las anteriormente ya referidas SSTS de 1926, 1940, 1951, 1964 y 1997.

En la SAP Asturias, 30 de octubre de 2015[112], ya citada, la cuestión debatida se centró en determinar la validez o nulidad de un pacto en virtud del cual tres hermanos, nudo propietarios de la herencia de su padre, que había ya fallecido y futuros herederos de su madre, que no muere hasta unos años después de la celebración de dicho acuerdo, distribuyen y se adjudican los bienes de ésta. La sentencia considera válido y revoca la decisión del contador que declaró su nulidad parcial en lo que atañe a la herencia materna, por contravenir el artículo 1271 del CC, entendiendo que no se trata de la disposición de la herencia, sino de bienes concretos y determinados y, que la finalidad del pacto es legítima en tanto se trataba especialmente de adjudicar a la hermana el inmueble donde cuidaba a su madre, por lo que no

111 JUR/2009/497002.

112 SAP núm. 389/2015, (JUR 2015\297723).

supone una renuncia de la herencia futura incursa en el artículo 816 CC ya que queda a salvo el posible complemento de la misma.

Por consiguiente, y aun cuando los tribunales deben aplicar la ley vigente en cada momento y la prohibición de la sucesión contractual en el Código Civil es clara, de la jurisprudencia examinada al respecto se puede apreciar la existencia de una línea interpretativa favorable a cualquier resquicio que permita la eficacia de los pactos sucesorios en el ámbito del Derecho común español admitiendo su licitud cuando se trata de asignar bienes concretos y determinados, entendiendo que la prohibición está únicamente referida a la disponibilidad de la herencia en su integridad[113].

6. EXCEPCIONES AL PRINCIPIO GENERAL DE NO PERMISIÓN DE PACTOS SUCESORIOS

Ya el Derecho Romano admitió importantes excepciones al principio de prohibición de los pactos sucesorios, considerando válidos: la división de los bienes hecha por el padre entre sus hijos y descendientes ("diviso inter liberos"); el pacto recíproco de sucesión entre militares; el pacto acerca de la sucesión de una persona extraña designada terminantemente siempre que ésta prestara su consentimiento sin revocarlo hasta su muerte; la societas omnium bonorumm, que podía indirectamente generar una sucesión contractual, en cuanto hacía común lo adquirido por cualquiera de los socios a título de sucesión y verdadero contrato era la donación mortis causa, que se asimilaba a los legados hechos en testamento y que quedaba ineficaz por su revocación o por la muerte del donatario antes que la del donante.

---

113 OLMEDO CASTAÑEDA, F.J., "Prohibición de los pactos sucesorios en el Derecho común: cuestionamiento de su *ratio legis*. Propuesta para su admisibilidad". *ADC,* T. LXXII, 2019, fasc. II, pp. 447-484.

Sin perjuicio de que las Partidas prohibiesen las estipulaciones sobre la herencia futura, alguna de estas excepciones también quedó recogida, al admitir en concreto, la validez de la distribución del caudal hereditario hecha por el padre entre sus sucesores legítimos, el pacto de mutua sucesión entre militares antes de entrar en batalla o peligro semejante (5, 11, 33); y la de determinados pactos sobre sucesión futura por causa de compañía de bienes. Las Leyes de Toro (17 y 22) admitieron los pactos sucesorios respecto de las mejoras.

Estos antecedentes influyeron decisivamente en el Código Civil, que recogió, de una parte, la prohibición general, que quedó plasmada en el segundo apartado del art. 1271 CC; pero, al mismo tiempo recoge los pactos sucesorios relativos a la mejora, que pasan a estar reflejados en el art. 826, concernientes a la promesa de mejorar o no mejorar, que fieles al criterio recogido en la Ley 22 de Toro, consisten en el compromiso de realizar la mejora a favor de alguno o algunos de los descendientes o de dejar a todos la misma porción, de no distinguirlos ni beneficiar a algunos de ellos, respectivamente.

Consecuencia también de dicha reminiscencia histórica, en la que en el Derecho castellano la promesa de mejora abarcaba tanto el tercio como el quinto de la herencia, es que en la actualidad se siga suscitando la duda de si la validez vinculante de la promesa de mejorar se circunscribe al tercio de mejora o puede abarcar también al tercio de libre disposición. Al respecto, los partidarios de la admisión de esta ampliación basan sus argumentaciones en que en el art. 823 la palabra mejora es empleada en sentido amplio de acuerdo con los precedentes legales y en que, si la norma autoriza al causante respecto al tercio de mejora, con mayor razón debe estimarse que también se le concede sobre el tercio de libre disposición[114] mientras que, por el contrario, sus oponentes se apoyan en el carácter excep-

---

[114] RIVAS MARTÍNEZ, J.J., Derecho de sucesiones común y foral, T. II, 4ª ed., Dykinson, Madrid 2009, p. 1610 y ss.

cional del precepto entendiendo que debe interpretarse en los términos manifestados en la propia permisión[115].

En el mismo sentido permisivo, el art. 827 CC establece el principio de irrevocabilidad de la mejora hecha en capitulaciones siempre que se realice en escritura pública, en capitulaciones matrimoniales o se haya celebrado en un contrato oneroso celebrado con un tercero. En este extremo, hay que diferenciar según haya mediado entrega de bienes a través de un acto de disposición de carácter gratuito o que éste se posponga a la muerte del mejorante puesto que el primer caso no constituye un pacto sucesorio, por cuanto dichos bienes salieron en vida del patrimonio del mejorante, no pudiendo por tanto pasar a formar parte de la herencia[116].

También, aunque con dudas doctrinales[117], el art 1341 CC recoge otra excepción a la prohibición de la sucesión paccionada, al admitir la donación de bienes futuros para caso de muerte, realizada entre consortes en capitulaciones matrimoniales[118].

Los partidarios de admitir dicha tesis han sostenido que constituye una modalidad de sucesión contractual, basándose fundamentalmente en el carácter irrevocable de la donación[119],

---

115 GARCÍA RUBIO, M.P., "Pactos sucesorios en el Código Civil. En la Ley de Derecho de Galicia", op. cit., p. 1273.

116 BLASCO GASCÓ, FR. de P., La mejora irrevocable: (análisis de la mejora ordenada por capitulaciones matrimoniales o por contrato oneroso celebrado con un tercero), Tirant lo Blanch, Valencia 1990, p. 145.

117 GARCÍA RUBIO, M.P., "Pactos sucesorios en el Código Civil. En la Ley de Derecho de Galicia", op. cit., p. 1276.

118 Art. 1341: Por razón de matrimonio los futuros esposos podrán donarse bienes presentes. Igualmente podrán donarse antes del matrimonio en capitulaciones bienes futuros, sólo para el caso de muerte, y en la medida marcada por las disposiciones referentes a la sucesión testada. Lerdo Espejo de Tejada, M., La sucesión contractual en el Código Civil, op., cit., pp. 262 y ss.

119 RIVAS MARTÍNEZ, J.J., Derecho de sucesiones común y foral, op. cit., p. 2771.

prescindiendo en su valoración de si el objeto del negocio han sido bienes concretos y determinados o la totalidad de los que queden a la muerte de uno de los cónyuges.

Asimismo, el Código civil reconoce la existencia particular de estos pactos en el art. 831[120] y, en el apartado 2º del art. 1056[121] CC, sin perjuicio del reconocido, con carácter dudoso, en el art.

---

120 "1. No obstante lo dispuesto en el artículo anterior, podrán conferirse facultades al cónyuge en testamento para que, fallecido el testador, pueda realizar a favor de los hijos o descendientes comunes mejoras incluso con cargo al tercio de libre disposición y, en general, adjudicaciones o atribuciones de bienes concretos por cualquier título o concepto sucesorio o particiones, incluidas las que tengan por objeto bienes de la sociedad conyugal disuelta que esté sin liquidar.
Estas mejoras, adjudicaciones o atribuciones podrán realizarse por el cónyuge en uno o varios actos, simultáneos o sucesivos. Si no se le hubiere conferido la facultad de hacerlo en su propio testamento o no se le hubiere señalado plazo, tendrá el de dos años contados desde la apertura de la sucesión o, en su caso, desde la emancipación del último de los hijos comunes.
Las disposiciones del cónyuge que tengan por objeto bienes específicos y determinados, además de conferir la propiedad al hijo o descendiente favorecido, le conferirán también la posesión por el hecho de su aceptación, salvo que en ellas se establezca otra cosa";

121 "El testador que en atención a la conservación de la empresa o en interés de su familia quiera preservar indivisa una explotación económica o bien mantener el control de una sociedad de capital o grupo de éstas podrá usar de la facultad concedida en este artículo, disponiendo que se pague en metálico su legítima a los demás interesados. A tal efecto, no será necesario que exista metálico suficiente en la herencia para el pago, siendo posible realizar el abono con efectivo extrahereditario y establecer por el testador o por el contador-partidor por él designado aplazamiento, siempre que éste no supere cinco años a contar desde el fallecimiento del testador; podrá ser también de aplicación cualquier otro medio de extinción de las obligaciones. Si no se hubiere establecido la forma de pago, cualquier legitimario podrá exigir su legítima en bienes de la herencia. No será de aplicación a la partición así realizada lo dispuesto en el artículo 843 y en el párrafo primero del artículo 844".

110 de la LSC. También se encuentra alguna donación establecida como mejora al amparo del art. 825 CC[122], siendo más frecuente que, a tenor de lo establecido en el art. 1036 CC, el donante exima al donatario de la obligación de colacionar que, con un criterio amplio, también podría considerarse como pacto sucesorio[123].

Como antecedentes normativos que llegaron a admitir la validez de los pactos sucesorios en nuestro ordenamiento jurídico ha de destacarse la regulación contenida en el antiguo artículo 174 CC con relación a la atribución de derechos hereditarios, tras la redacción dada por la Ley de 24 de abril de 1958 y que estuvo vigente hasta la reforma de 4 de julio de 1970 y el art. 1331 CC, que admitía que uno de los esposos dispusiese en capitulaciones matrimoniales de sus bienes futuros para caso de muerte en favor del otro.

De acuerdo con dicho precepto, en la escritura pública de adopción, el adoptante podía instituir heredero al adoptado (que, de otro modo, no tenía derechos en la sucesión de aquel), configurándose, así como una declaración de voluntad vinculante e irrevocable y, por ello, como un auténtico pacto sucesorio de institución.

Asimismo, ha de señalarse la Ley 49/1981, de 24 de diciembre, 27 del Estatuto de la Explotación Familiar Agraria y de los Agricultores Jóvenes, que derogó los preceptos legales que, sobre los patrimonios familiares, se recogían en la Ley de Patrimonios Familiares de 15 de julio de 1952 y en el posterior Texto Refundido de la Ley de Reforma y Desarrollo Agrario de 12 de enero de 1973.

122 "Ninguna donación por contrato entre vivos, sea simple o por causa onerosa, en favor de hijos o descendientes, que sean herederos forzosos, se reputará mejora, si el donante no ha declarado de una manera expresa su voluntad de mejorar".

123 Art. 1036 CC: "La colación no tendrá lugar entre los herederos forzosos si el donante así lo hubiese dispuesto expresamente o si el donatario repudiare la herencia, salvo el caso en que la donación deba reducirse por inoficiosa". PELAYO HORE, S., "Los pactos sucesorios en la Compilación de Aragón", *ADC,* núm. 4, 1967, pp. 820-866.

Dicha Ley permitió la sucesión contractual mediante la celebración de pactos sucesorios entre el titular de la explotación y alguno de sus legitimarios que reuniera la cualidad de colaborador. Y, si ninguno de los legitimarios ostentaba dicha condición, el pacto podía otorgarse con quien fuera colaborador de la explotación, si bien con el consentimiento de aquellos.

Esa Ley por tanto también admitió la contratación sucesoria como forma de ordenación y planificación de la sucesión de la explotación familiar agraria, exceptuándose así la aplicación de la prohibición general establecida por el Código Civil, con la clara finalidad de facilitar la transmisión y continuidad de la explotación, aunque exigiéndose en todo caso la conformidad de los legitimarios, que se presentaba de este modo como un freno para la viabilidad del pacto sucesorio con un tercero.

Finalmente, la Ley hipotecaria en su art. 14[124] admite también el contrato sucesorio como título de la sucesión hereditaria a efectos del Registro.

7. RAZONES FAVORABLES A LA INCLUSIÓN DE LOS PACTOS SUCESORIOS

Además del reconocimiento normativo de estos pactos, a partir de 1963 se empezó a cuestionar doctrinalmente la prohibi-

124 Art. 14 LH: "El título de la sucesión hereditaria, a los efectos del Registro, es el testamento, el contrato sucesorio, el acta de notoriedad para la declaración de herederos abintestato y la declaración administrativa de heredero abintestato a favor del Estado, así como, en su caso, el certificado sucesorio europeo al que se refiere el capítulo VI del Reglamento (UE) n.º 650/2012". CUQUERELLA MIRALLES, P., "Los pactos sucesorios de transmisión de presente de bienes y el ámbito de aplicación del Reglamento europeo en materia de sucesiones "mortis causa" con repercusión transfronteriza". *Actualidad Jurídica Iberoamericana,* núm. 20 bis, junio 2024, pp. 418-429.

ción de los pactos sucesorios y, de manera expresa se reconoció que estas excepciones fueron permitidas con el fin de potenciar que la autonomía de la voluntad pudiese alcanzar fines que no se pueden lograr a través de las formas existentes en el Código Civil, como las donaciones o el testamento[125].

Las situaciones permitidas por el ordenamiento jurídico propician entender que esta prohibición realmente responde a un problema de política legislativa más que a razones absolutas que justifiquen la exclusión de la admisibilidad de los pactos sucesorios, porque, no existe razón alguna de carácter económico o de política legislativa, ni ningún principio general del Derecho, ni de orden público que pueda servir de fundamento para no admitir en el momento actual los pactos sucesorios en el Código Civil; antes bien, constituyen un instrumento jurídico al servicio de la libertad civil de los particulares que les permite la ordenación sucesoria de su patrimonio y que resulta de especial utilidad para asegurar la continuidad de la empresa familiar a favor del sucesor que resulte más idóneo y capacitado para ello[126]. Por tanto, el rechazo generalizado a la admisión de los pactos sucesorios puede rebatirse a la luz, no sólo de los preceptos que se excepcionan de esta regla general sino también de la normativa que progresivamente ha ido apareciendo, que apunta precisamente a la necesidad de abrir paso a la aplicación de unos criterios más permisivos.

Además de lo expuesto, hay que considerar frente a argumentos obsoletos, que la inclusión de los pactos como una nueva forma de testar, no sólo debe considerarse una ampliación de la libertad formal, al dar al causante todas las formas posibles para ordenar su sucesión, sino que también permite flexibilizar el

---

125 CASTÁN VÁZQUEZ, J.M., "Notas sobre la sucesión contractual en el Derecho español", *ADC,* 1964, pp. 367 y ss.

126 OLMEDO CASTAÑEDA, F.J., "Prohibición de los pactos sucesorios en el Derecho común: cuestionamiento de su *ratio legis.* Propuesta para su admisibilidad", ult. op. cit.

régimen sucesorio en vida y tener una mayor libertad a la hora de disponer de los bienes, al mismo tiempo que posibilita que los herederos instituidos mediante pacto sucesorio pueden tener la seguridad de que heredarán salvo que se produzca alguna de las condiciones contractualmente establecidas para su exclusión.

La inserción de esta figura facilita asimismo que los particulares puedan ordenar su sucesión contando con el mayor número de medios para hacerlo, pudiendo elegir el instrumento que consideren más conveniente para atender a sus necesidades. Puede servir igualmente para prestar servicios entre cónyuges, tales como instituirse recíprocamente o aumentar o disminuir los derechos sucesorios que la ley les reconoce e igualmente entre parejas estables o entre progenitores en beneficio de sus hijos comunes, dentro de un posible acuerdo al divorciarse, por ejemplo. Su permisión facilitaría asimismo evitar las desigualdades que puedan surgir entre las distintas CCAA.

Finalmente, su reconocimiento ha sido beneficioso para la transmisión de la empresa familiar. A mayor abundamiento, la admisibilidad de esta figura jurídica sucesoria está estrechamente relacionada con la conservación y continuidad de las explotaciones económicas familiares, considerándose, como un medio apto para garantizar su integridad y traspaso intergeneracional, lo que resulta de especial interés para el tejido empresarial, dada la relevancia que representan en el mismo las empresas familiares.

La necesidad de facilitar un instrumento adecuado ha sido una constante que las distintas instancias vinculadas con esta figura han reivindicado desde antaño. En este sentido, la Recomendación de la Comisión CE de 7 de diciembre de 1994 los sugirió para facilitar la transmisión de la empresa familiar y con posterioridad, en el Congreso Notarial español celebrado en Madrid el 30 de mayo de 2012, se manifiesta de forma unánime que: "El Código Civil debe reconocer a la voluntad del causante un mayor protagonismo para ordenar la sucesión, restringiendo su orden público y dando entrada al testamento mancomunado, a los pactos sucesorios y una mayor amplitud a las instituciones fiduciarias"[127].

8. LOS PACTOS SOCIETARIOS

Otro de los acuerdos sobre los que se ha planteado la duda de si pueden considerarse una excepción a la norma prevista en el apartado 2° del art. 1271 CC es el relativo a los pactos que, con carácter previo, se pueden establecer para que, en caso de disolución de la sociedad por muerte de uno de los socios, continúe entre los sobrevivientes o con el heredero del socio fallecido, como queda contemplado en el art. 1704 del CC[128].

Este tipo de pactos constituye una manifestación de la autonomía privada en el ámbito contractual, en cuanto los socios tienen la posibilidad de establecer las reglas que van a determinar la organización interna y el funcionamiento de la relación societaria en caso de fallecimiento de uno de sus miembros, de forma que sea posible acordar la continuación de la sociedad en caso de muerte de cualquier socio o sólo en caso de fallecimiento de determinados

---

127 PARRA LUCÁN, M.A., "Legítimas, libertad de testar y transmisión de un patrimonio", *AFDUDC*, 13, 2009, 481-554.

128 Es válido el pacto de que, en el caso de morir uno de los socios, continúe la sociedad entre los que sobrevivan. En este caso el heredero del que haya fallecido sólo tendrá derecho a que se haga la partición, fijándola en el día de la muerte de su causante; y no participará de los derechos y obligaciones ulteriores sino en cuanto sean una consecuencia necesaria de lo hecho antes de aquel día.
Si el pacto fuere que la sociedad ha de continuar con el heredero, será guardado, sin perjuicio de lo que se determina en el número 4.° del artículo 1.700. Las SSTS de 29 de octubre de 1960 (TOL4.339.371), distingue los pactos sociales en el contrato de sociedad de los pactos sobre sucesión futura y 12 de diciembre de 1958 (TOL4.351.368) y 10 marzo 1949 (TOL4.456.106).

socios, pero no de otros, o, incluso, que se prevea la continuación de la sociedad únicamente si sobreviven determinados socios[129].

Se cuestiona sin embargo si dichos pactos pueden incidir en la sucesión mortis causa de los socios considerándose contrarios a la regla general prevista en el art. 1271. 2 CC y, en su caso, si pudieran considerarse como excepciones a dicha regla general[130].

El punto de partida es que la prohibición alcanza a los negocios jurídicos que tengan por finalidad establecer cómo debe realizarse la sucesión futura de una persona, en cuanto limitan el poder de disposición mortis causa del causante, ya que lo pactado resulta vinculante para los intervinientes y no podría revocarse.

Dado la pluralidad de pactos que se pueden suscribir, habrá que diferenciar los efectos en atención a que el pacto de continuación se acuerde entre los socios sobrevivientes o se celebre entre éstos y los herederos del socio fallecido.

8.1. El pacto de continuación entre los socios sobrevivientes

El contenido de este pacto puede consistir en que los socios acuerden continuar la sociedad entre ellos o que a esta cláusula añadan otra en virtud de la cual establezcan que los herederos no reciban el contenido económico de la participación de su causante.

Con relación al primero de estos pactos, no hay una opinión unánime sobre si se trata de un pacto sucesorio o no. Los partidarios de calificarla como tal consideran que al tratarse de un acuerdo que tiene por finalidad la continuación de la sociedad

---

129 MARTÍNEZ VELENCOSO, L.M., "Comentario al art. 1704 CC", en *Código civil comentado.* Vol. IV, (Cañizares Laso, A., De Pablo Contreras, P, Orduña Moreno, J., Valpuesta Fernández, R., dir). Cívitas, 2ª ed. Madrid 2016, p. 744.

130 MESA MARRERO, C., "Pactos con trascendencia sucesoria en la sociedad civil", *ADC,* 2014, p. 896.

puede admitirse como una excepción a la regla prohibitiva. En todo caso, la doctrina mayoritaria se inclina por considerar que no se está ante un pacto sucesorio sino lo que se permite es respetar el derecho de los sucesores del socio difunto al contenido económico de su participación social.

Situación contraria es la que plantea el segundo de ellos. Sin perjuicio de opiniones aisladas sobre esta cláusula, denominada, tontina, que consideran que se trata de disposición anticipada, pero diferida al momento de la muerte, que afectaría al valor de la cuota de cada socio a favor de los demás, por lo que se trataría, en todo caso, de una donación inter vivos, la doctrina mayoritaria estima que un pacto de esta naturaleza vulneraría tanto la prohibición de donación de bienes futuros (art. 635 CC), como la de realizar pactos sobre la herencia futura (art. 1271.2 CC), no sólo porque en el momento en que se realice la partición parcial es cuando podrá fijarse el valor de la cuota del socio fallecido sino fundamentalmente porque este pacto supone ordenar contractualmente la sucesión mortis causa de las partes intervinientes de una forma determinada, e impide que los herederos reciban el contenido económico de la parte que el socio causante tenía en el fondo social[131].

8.2. El pacto de continuación con los herederos del socio difunto

Este pacto puede ser obligatorio cuando la condición de socio se integre en la herencia del socio fallecido. En este caso, será asumida automáticamente por los herederos aceptantes de la herencia. Puede tener también carácter facultativo, que es el carácter que prevalece atribuir en caso de duda. Esta modalidad se presenta cuando en la herencia se defiere la facultad a favor del heredero de declarar si decide o no integrarse en la sociedad o

---

131 MESA MARRERO, C., "Pactos con trascendencia sucesoria en la sociedad civil", ibidem.

que se le liquide el valor de la participación de su causante, sin importar si ha mediado la disolución total o parcial de la sociedad[132].

Con relación a la primera modalidad, aunque con distintas argumentaciones, el criterio por el que se inclina la doctrina es el de entender que el art. 1704 CC hay que considerarlo una excepción a la regla general prohibitiva del artículo 1271 CC, sin perjuicio de que se debata entre considerar que se trata de un auténtico pacto sucesorio o de que no lo es, fundamentándolo en que su finalidad, no es disponer contractualmente de parte del patrimonio del socio fallecido, sino evitar la disolución de la sociedad por la muerte de un socio, y precisamente con ese propósito los socios se comprometen expresamente a admitir la transmisibilidad mortis causa de los derechos sociales[133].

En todo caso, esta consideración parece irrelevante, puesto que, como también se ha señalado, no habría razones suficientes para calificar como sucesorio este pacto porque el acuerdo previo por parte de los socios al fallecimiento de uno de ellos de que la sociedad continuará con el heredero o legatario del causante no supone una reglamentación convencional de la sucesión mortis causa del causante como sucede en los genuinos contratos sucesorios.

En este pacto hay que diferenciar a su vez si los socios establecen ese pacto de continuación entre los supervivientes y un determinado heredero, en caso de que sea designado como tal en la sucesión de alguno de los socios o designan a un tercero, que resulta no ser heredero.

En el primer caso, en el que la cláusula obliga a transmitir mortis causa la condición de socio y no la cuota de liquidación, una vez se haya producido el fallecimiento de un socio, le sucederá en los derechos sociales el sujeto beneficiario designado en

---

132 MARTÍNEZ VELENCOSO, L.M., "Comentario al art. 1704 CC", ibidem.

133 Amplia exposición en MESA MARRERO, C., "Pactos con trascendencia sucesoria en la sociedad civil", ult. op. cit.

testamento o por sucesión intestada por lo que el llamamiento se produciría, a título sucesorio[134] y no vulneraría la prohibición de la sucesión contractual porque la mera aceptación de herencia o legado implica la adquisición de la condición de socio. En este sentido, se defiende su validez por entender que el objeto no es disponer sobre la herencia sino configurar como parte de ésta, un derecho personal, cual es, la condición de socio[135].

De forma aislada se ha mantenido que este pacto puede constituir una excepción a la regla prevista en el art. 1271.2 CC al considerarlo un pacto sucesorio; sin embargo, la mayor parte de la doctrina ha entendido que no lo es porque se respeta el derecho de los sucesores al contenido económico de la participación social del causante y no hay sucesión de los demás socios en la parte vacante.

Lo que no podría admitirse porque podría suponer disponer a través de un contrato de parte de la herencia, es la fijación previa de un sistema de valoración de las participaciones sociales siempre en el caso de que ello implicase una diferencia sustancial entre el valor real de la cuota del causante y el valor asignado en virtud del criterio fijado por los socios[136].

Una situación distinta se plantea cuando el pacto social prevé la continuación de la sociedad con una persona determinada que sucederá al causante en su condición de socio. Sobre este

---

134 MESA, "Pactos con trascendencia sucesoria en la sociedad civil", op, cit., pp. 924 y 925.

135 RUEDA ESTEBAN, L., "Organización de la sucesión ante la postura del Código civil frente a los pactos sucesorios", *Revista jurídica del Notariado,* núm. 106, 2018, p. 286; PAZ-ARES RODRÍGUEZ, J. C., "La cuestión de la validez de los pactos parasociales", *Actualidad jurídica Uría Menéndez,* núm. Extra 1, 2011, págs. 252-256; "La validez de los pactos parasociales", *Diario La Ley,* núm. 7714, 2011.

136 CAPILLA RONCERO, F., "Comentario al art. 1704 CC", en *Comentarios al Código civil y compilaciones forales. (Artículos 1665 a 1708 del Código Civil),* Tomo XXI, Vol. 1, dirigidos por Manuel Albaladejo. Edersa, Madrid, 1986.

punto la doctrina mayoritaria sostiene que el pacto con designación nominal del sucesor no es admisible porque contradice la regla general del artículo 1271 CC, dado que el llamamiento de la persona que sucedería al socio se produciría en virtud de una cláusula de carácter contractual y no por llamamiento hereditario.

9. PACTOS SUCESORIOS Y EMPRESA FAMILIAR

El patrimonio familiar está directamente vinculado con la sucesión. La necesidad de perpetuar la hacienda y la familia agrarias motivó originariamente el desarrollo de los pactos sucesorios, principalmente en las economías rurales y en zonas de montaña, con el fin de seguir manteniendo unidas las propiedades de la familia y la continuación de dicha explotación en el futuro, garantizando para ello al sucesor la titularidad de los bienes, permitiéndole gozar de una posición segura respecto a su porvenir.

Sin embargo, habida cuenta de la imposibilidad de establecer pactos sucesorios en el derecho común[137], el principal problema que se le presenta al empresario para asegurar la continuidad y conservación de la empresa es el concerniente a la elección del sucesor que resulte más adecuado y, una vez designado éste, compensar económicamente a los restantes miembros de su familia, a los que corresponderá, al menos, la legítima[138]. Por ello, en esta modalidad solo son frecuentes los pactos accesorios, meramente instrumentales y ordenados atendiendo al propósito del testador de retirarse de sus negocios o desprenderse de la administración

---

137 ESPEJO LERDO DE TEJADA, M., "La reforma del Código Civil por la Ley de la Sociedad Limitada de la Nueva Empresa", en *Homenaje al profesor Lluis Puig i Ferriol.* Juan Manuel Abril Campoy, María Eulalia Amat Llarí (Coords), Vol. 1, 2006, pp. 1253; SAP Segovia 1 febrero 2001, (JUR 2001\123050).

138 PARRA LUCÁN, M.A., "Legítimas, libertad de testar y transmisión de un patrimonio", ibidem.

de sus bienes. Tales pactos, sin embargo, no confieren a la eventual entrega de bienes por parte del testador función particional inmediata ni otro significado más que una transmisión precaria de la posesión, a menos que medie donación u otro contrato, como podría ser dar en arriendo su lote a cada heredero.

Los derechos forales suelen ofrecer un mayor ámbito de autonomía que el Código Civil debido al deseo de favorecer el mantenimiento de la integridad del patrimonio familiar. La modificación introducida inicialmente en la derogada Ley 7/2003, de 1 de abril, de la sociedad limitada, nueva empresa, ha permitido adaptar el contenido del artículo 1.056 del Código Civil a la realidad, reconociendo de modo implícito en su disposición final primera, que la empresa familiar es una unidad económica que debe conservarse indivisa en su transmisión, so pena de repercutir económicamente en su perjuicio. A tal efecto, además de facultar al testador para que atribuya la empresa familiar a un único heredero, permitiendo el pago de la legítima al resto de los interesados en metálico extrahereditario, introdujo como novedad, permitirle a éste o al contador-partidor que haya designado, que pueda aplazar el pago de dicha legítima, siempre que no supere el plazo de cinco años desde su fallecimiento.

9.1. Protocolo familiar y pactos sucesorios

Los pactos sucesorios, cuya finalidad primordial en los derechos civiles territoriales fue ser el vehículo de cohesión en la empresa familiar, fueron paulatinamente perdiendo importancia y han sido determinados factores ajenos a su propia regulación los que han propiciado su renacimiento[139]. Entre estos factores, de singular importancia figura la necesidad de dotarles de una mayor utilidad

---

139 FERRER VANRELL, P., "Los Protocolos Familiares y *la Ley balear 22/2006, de 19 de diciembre,* como factores determinantes del resurgir de los pactos sucesorios", *Actualidad civil,* núm. 12, 2009.

práctica en la sociedad actual, con carácter general, como puso de manifiesto, por ejemplo, el preámbulo de la Ley 10/2008 de 10 de julio, del libro cuarto del Código civil de Cataluña, relativo a las sucesiones, que señala que los pactos sucesorios son: "la innovación de más altura que presenta el Libro IV respecto al anterior Código de Sucesiones"; así como plasmar en ellos el contenido de los protocolos familiares, sin perjuicio de que, aunque no sea objeto de exposición en estas páginas, también han tenido una importancia relevante las diversas leyes reguladoras del impuesto de donaciones y sucesiones en cada comunidad autónoma.

Los pactos sucesorios son el instrumento jurídico que mejor se adaptan al consenso y a los acuerdos entre familiares porque, a diferencia del testamento unilateral, implica un acuerdo de voluntades. En este sentido, como todo pacto o contrato, es preciso que sea asumido por todos los miembros del grupo familiar y que cuente con su consentimiento, por cuanto sin ello no será posible el cumplimiento de una de sus finalidades básicas, cual es la prevención de conflictos que puedan nacer en el seno de la empresa familiar y su adaptación a las nuevas realidades empresariales y familiares.

En este sentido, el protocolo familiar suele quedar recogido en un documento en el que los integrantes de la familia titulares de la empresa asumen de forma expresa un compromiso formal en el que quedan concretados los objetivos y las reglas internas de funcionamiento de la empresa.

El carácter de estos pactos es variopinto. Así, los que son de contenido jurídico coexisten con una serie de principios éticos sobre los que se asienta el modo de orientar y dar vida al funcionamiento de la empresa. Por ello, se hace necesario distinguir el carácter de cada una de estas cláusulas y lo que constituye la voluntad mortis causa del dueño del negocio. Con relación a este extremo, las medidas que se incluyen deben hacerse, por testamento, con el fin de mantener dentro de la familia su propiedad, y especialmente se comprometen a designar la persona de la familia que sucederá en la empresa, eligiendo así la que sea idónea para gestionarla, para lo cual se obliga a otorgar testamento en un determinado sentido. Sin embargo, al no tratarse de pactos sucesorios, no garantizan el sentido del testamento porque se trata, simplemente, de una promesa de otorgar testamento que posteriormente se puede revocar, dado tal carácter en los negocios mortis causa. Por el contrario, en los derechos civiles territoriales que lo admitan, podrá estipularse por pacto sucesorio.

La ventaja de que la sucesión se pueda determinar en un pacto sucesorio es que con ello se está permitiendo plantear y resolver, ya en vida de los titulares actuales de la empresa, la sucesión de la empresa familiar y, al mismo tiempo se está consiguiendo un mayor compromiso entre los descendientes a la hora de responsabilizarse en la continuidad empresarial. Es indudable además que la certeza en la designación y en las pautas planificadas para su adopción contribuye a dar seguridad jurídica a los otorgantes del pacto, ya sea el sucesor elegido que puede ver garantizado con la irrevocabilidad de la institución su futuro en la empresa familiar, como al causante, que se asegura de que el sucesor no pueda repudiar la atribución[140]. Por esta razón precisamente se ha llegado a manifestar que el recurso a los protocolos surge de la clara insuficiencia del testamento para regular la sucesión de la empresa, ya que, dado su carácter esencialmente revocable, no otorga ninguna clase de seguridad a las personas que están llamadas a suceder al empresario individual o en el control de la sociedad. Dicho motivo ha conducido a que en el protocolo se estipulen a menudo cláusulas, que, en el fondo no son más pactos sucesorios encubiertos, en las que sus firmantes se obligan a otorgar testamento en un determinado sentido o a no otorgarlo; o a no revocar el ya otorgado, suscitando problemas sobre su validez principalmente en los territorios regidos por las normas del Código civil sin perjuicio de que, como el protocolo

140 DE BARRÓN ARNICHES, P., PLA MATEU, R., "El pacto sucesorio de atribución particular: un mecanismo eficaz de transmisión de la empresa familiar", *Revista de Contabilidad y Dirección*, Vol. 22, año 2016, pp. 45-83.

no pasa de ser un documento que contiene una serie de declaraciones de voluntad que deben ser ejecutadas posteriormente en otro instrumento jurídico, ya sea el testamento o el documento de partición, a dichas declaraciones no se les puede atribuir el valor de auténticos pactos sucesorios y, de ahí, su falta de operatividad real al carácter de apoyo legal para su coercibilidad[141].

10. PACTOS SUCESORIOS EN EL DERECHO FORAL

En el panorama español tradicionalmente han coexistido territorios con normativa sucesoria propia con aquellos otros en los que se aplica el derecho del Código civil. Las Comunidades que admiten los pactos sucesorios en su regulación son Aragón, Cataluña, Islas Baleares, Navarra y País Vasco.

Las diferencias existentes no son sin embargo menores. Hay ordenamientos jurídicos en los que prácticamente hay libertad de testar, como sucede en Navarra, a otros que los permiten con un alcance muy restrictivo. También y, no de menor importancia, aunque ajeno a este estudio, el régimen fiscal es muy diferente en cada Comunidad Autónoma, generando notorias desigualdades entre ellas.

10.1. Los pactos sucesorios en el Derecho aragonés

La sucesión paccionada queda regulada el Real Decreto Legislativo 1/2011, de 22 de marzo, del Código de Derecho Foral de Aragón (CDFA).

Su artículo 317 enuncia que la sucesión se defiere por pacto, por testamento o por disposición de la Ley y reconoce la necesi-

---

141 EGEA FERNÁNDEZ, J., "Protocolo familiar y pactos sucesorios", *InDret* núm. 3, 2007. BARRÓN LÓPEZ, M. C., "Reflexiones sobre el protocolo familiar jurídico", *Revista Boliviana de Derecho*, núm. 30, julio 2020, pp. 622-639.

dad de que los pactos sucesorios, que califica como fenómeno tan propio de su Derecho, requieren una formulación igualmente propia de las normas generales.

La nueva regulación que sustituyó la anterior, prevista en la Ley 1/2009, de 24 de febrero, ha ampliado formalmente el ámbito de los pactos al no vincularlos en ningún caso al otorgamiento de capítulos matrimoniales.

Respecto a la sucesión pactada, como sigue explicando su Exposición de Motivos, la Compilación diseñó una regulación de conjunto de la sucesión paccionada, construida sobre los ricos materiales de la experiencia histórica con la ayuda de aportaciones doctrinales inspiradas en otros ordenamientos que los reconocen y respetan como expresión de la libertad civil de sus otorgantes.

Los pactos sucesorios pueden contener cualesquiera estipulaciones mortis causa a favor de los contratantes, de uno de ellos o de tercero, a título universal o singular, con las sustituciones, reservas, fiducias, modalidades, cargas y obligaciones que se convengan.

Además del régimen sucesorio, también puede pactarse en capitulaciones matrimoniales en consideración a la casa, el establecimiento de una comunidad familiar entre instituyentes e instituido y sus familiares, regulando los derechos y las obligaciones de los que la integran (art. 381).

Se distingue, en concreto, la institución a favor de contratante, que puede ser "de presente" con transmisión actual de los bienes al instituido o "para después de los días" del instituyente y, por tanto, sin transmisión actual de los bienes al instituido en el momento de celebrarse el contrato; la institución recíproca de heredero, o pacto al más viviente, por el que el sobreviviente hereda los bienes del premuerto, siempre que éste no tenga descendientes, o todos ellos fallezcan antes de llegar a la edad para poder testar; el pacto a favor de tercero, en el que éste no podrá aceptar la herencia o adquirir el legado hasta que, fallecido el instituyente, no se le defieran.

Finalmente, son válidos los pactos de renuncia o transacción sobre la herencia futura otorgados entre el renunciante o renunciantes y la persona o personas de cuya sucesión se trate.

10.2. Los pactos sucesorios en Cataluña

Los pactos sucesorios quedan regulados en la Ley 10/2008, de 10 de julio, del libro cuarto del Código Civil de Cataluña, relativo a las sucesiones.

Como explica su Exposición de Motivos, el establecimiento de estos pactos sucesorios constituyó la innovación más importante habida en dicho libro en comparación con el anterior Código de sucesiones[142].

Tradicionalmente, el derecho catalán conoció los pactos sucesorios en forma de donación universal o heredamiento siendo el vehículo de transmisión intergeneracional de los patrimonios familiares, de base típicamente agraria, por medio de la institución de heredero único convenida en capítulos matrimoniales. Sin embargo, pese a la importancia histórica de los heredamientos, su regulación, anclada en una realidad socioeconómica y una concepción de las relaciones familiares propias de otra época, resultaba más útil para interpretar capítulos matrimoniales antiguos que como instrumento de planificación sucesoria. A partir de esta premisa, el libro cuarto regula los pactos sucesorios de forma mucho más abierta y flexible que los heredamientos.

En esta línea más aperturista, deben destacarse dos rasgos del nuevo sistema de sucesión contractual. Por una parte, en cuanto al contenido del título sucesorio, los pactos sucesorios no se limitan ya a la institución de heredero o heredamiento, sino que también

---

142 DEL POZO CARRASCOSA, P., "Pactos sucesorios en Cataluña", *Tratado de derecho de sucesiones.* (Mª del Carmen Gete-Alonso y Calera (dir.), T.I, Thomson Reuters, Cizur Menor (Navarra), 2011, pp. 1367 y ss.

admiten, de forma conjunta con el heredamiento o aisladamente, la realización de atribuciones particulares, equivalentes a los legados en la sucesión testamentaria. Por otra parte, la sucesión contractual se desliga de su contexto matrimonial. Si bien los pactos pueden continuar haciéndose en capítulos matrimoniales, eso ya no es un requisito esencial, porque no deben otorgarse necesariamente entre cónyuges o futuros cónyuges, ni tampoco entre los padres o demás familiares y los hijos que se casan.

Entre el mantenimiento del esquema tradicional y la apertura de los pactos a cualesquiera contratantes, el libro cuarto optó por una solución intermedia prudente, en virtud de la cual, los pactos solo pueden otorgarse con el cónyuge o conviviente, con la familia de este o con la familia propia, dentro de un cierto grado de parentesco por consanguinidad o afinidad. Dicha regla tiene en cuenta el mayor riesgo de los contratos sucesorios entre no familiares, pero a la vez es suficientemente abierta para amparar los pactos que a veces se estipulan con ocasión de la transmisión de empresas familiares, en los que pueden llegar a intervenir varias generaciones de parientes en línea recta y otros miembros de la familia extensa.

La restricción legal en cuanto al grupo de personas que pueden convenir pactos sucesorios no rige para ser favorecido. Los pactos pueden contener disposiciones a favor de terceras personas, pero estas no adquieren ningún derecho hasta la muerte del causante. De esta forma se permite, por ejemplo, que el padre y la madre pacten, entre ellos dos, que la herencia sea para un o unos hijos determinados, aunque no tengan el consentimiento de estos, y, más adelante, si las circunstancias lo aconsejan, convengan un nuevo pacto sucesorio para instituir a otro hijo o a otra persona.

El tipo básico de pacto sucesorio implícito en el libro cuarto es un pacto con causa gratuita, en el que pueden imponerse cargas al favorecido, como, por ejemplo, la de cuidar a un otorgante que tenga la condición de causante de la sucesión y prestarle asistencia, así como la de hacer constar la finalidad que se pretende alcanzar con el otorgamiento del pacto. Eso no impide que las partes puedan causalizar el pacto de modo diferente, dada la libertad de configuración del contenido que les da el libro cuarto. Esta hibridez causal se pone de relieve en la regulación de las causas de revocación de los pactos, que provienen de la dogmática de los actos sucesorios, de las donaciones y de los contratos. En concreto, los pactos pueden revocarse por indignidad del favorecido, por las causas pactadas expresamente en el contrato, por incumplimiento de cargas, por imposibilidad de cumplimiento de la finalidad esencial o por un cambio sustancial, sobrevenido e imprevisible de las circunstancias fundamentales. Esta multiplicidad de fundamentos de revocación ha exigido también que se especifiquen sus consecuencias en cada caso, teniendo en cuenta si existen disposiciones correspectivas o si alguna de las partes ha cumplido obligaciones o cargas que hayan enriquecido al otro otorgante.

Los diferentes tipos de atribuciones que pueden hacerse en un pacto sucesorio son los heredamientos y las atribuciones particulares.

El heredamiento, siguiendo el derecho compilado, puede ser simple o cumulativo y puede pactarse con carácter mutual. Junto a éste, se admite el heredamiento preventivo, que puede revocarse unilateralmente por medio de un testamento o un pacto sucesorio posterior. Las disposiciones preventivas son, en principio, indistinguibles de las testamentarias, pero a veces pueden acompañar útilmente otras disposiciones irrevocables otorgadas en un mismo instrumento. Aparte de eso, el libro cuarto establece que, si el testador no lo dispensa, la revocación unilateral de una disposición preventiva debe notificarse a los demás otorgantes del pacto, como requisito de eficacia. Este rasgo permite conferir a los pactos sucesorios, si se diseñan adecuadamente, la funcionalidad propia de los testamentos mancomunados.

10.3. Los pactos sucesorios en Galicia

Los pactos sucesorios quedan regulados por la Ley 2/2006, de 14 de junio, de derecho civil de Galicia[143].

Según dispone su art. 181, la sucesión se defiere, en todo o en parte, por: testamento; cualquiera de los pactos sucesorios admisibles conforme a derecho o por disposición de la ley.

Aunque no contiene una definición de pacto sucesorio, contempla el pacto sucesorio de mejora; el de mejora de labrar y poseer y la apartación.

Son pactos de mejora aquellos por los cuales se conviene a favor de los descendientes la sucesión en bienes concretos (art. 214).

Estos pactos pueden suponer la entrega o no de presente de los bienes a quienes les afecten, determinando en el primer caso la adquisición de la propiedad por parte del mejorado.

En el pacto sucesorio podrán contemplarse los supuestos en que quedará sin efecto y determinarse el ámbito residual de las facultades dispositivas de los adjudicantes, por actos inter vivos, a título oneroso o gratuito.

El pacto de mejora de labrar y poseer es una figura de carácter familiar ya que sólo se puede dar entre ascendientes y descendientes. En ésta, el ascendiente que quiera conservar indiviso un lugar acasarado, aunque las suertes de tierras estén separadas, o una explotación agrícola, industrial, comercial o fabril podrá pactar con cualquiera de sus descendientes su adjudicación íntegra y, si en el pacto no se dispusiera otra cosa, la adjudicación supondrá la institución de heredero en favor del así mejorado (art. 219).

---

143 Al respecto, HERRERO OVIEDO, M., "Pactos sucesorios en el Código civil. En la Ley de derecho de Galicia", *Tratado de derecho de sucesiones,* op. cit., pp. 1286 y ss.

Finalmente, la apartación es un pacto de renuncia, por el que se excluye al apartado de manera irrevocable de la condición de heredero forzoso a cambio de los bienes concretos que le sean adjudicados (art. 224).

10.4. Los pactos sucesorios en las Islas Baleares

Los pactos sucesorios quedan regulados en el Decreto Legislativo 79/1990, de 6 de septiembre, por el que se aprueba el texto refundido de la Compilación del Derecho Civil de las Islas Baleares[144], modificado por Ley 7/2017, de 3 de agosto, que modifica la Compilación de Derecho Civil de las Illes Balears.

Como establece su art. 6, la herencia se defiere por testamento, por Ley y por los contratos regulados en este Libro.

Sólo se admiten dos pactos: las donaciones universales de todos los bienes, presentes y futuros, que confieren al donatario la cualidad de heredero contractual del donante y le transmite los bienes presentes incluidos en ella (arts. 8 a 13) y, el pacto sucesorio conocido por definición, por el que los descendientes, legitimarios y emancipados pueden renunciar a todos los derechos sucesorios, o únicamente a la legítima que, en su día, pudieran corresponderles en la sucesión de sus ascendientes, de vecindad mallorquina, en contemplación de alguna donación, atribución o compensación que de éstos reciban o hubieren recibido con anterioridad.

Cabe destacar el amplio margen reconocido para los territorios de Ibiza y Formentera (arts. 72 y ss.), donde se permite que los pactos sucesorios puedan contener cualesquiera disposiciones mortis causa, a título universal o singular, con las sustituciones,

---

144 Al respecto, FERRER VANRELL, Mª P., CARDONA GUASP, O.P., "Los pactos sucesorios en la Compilación de Derecho Civil de Las Illes Balears", *Tratado de derecho de sucesiones.* (Mª del Carmen Gete-Alonso y Calera (dir.), op. cit., pp. 1397 y ss.

modalidades, reservas, renuncias, cláusulas de reversión, cargas y obligaciones que los otorgantes establezcan.

10.5. Los pactos sucesorios en el Derecho de Navarra

Los pactos sucesorios quedan regulados en la Ley 1/1973 de 1 de marzo, por la que se aprueba la Compilación del Derecho Civil Foral de Navarra, modificado por la Ley Foral 21/2019, de 4 de abril, de modificación y actualización de la Compilación del Derecho Civil Foral de Navarra o Fuero Nuevo, en sus Leyes 172 a 183[145].

Dicha ley establece que, por pacto sucesorio se pueda establecer, modificar, extinguir o renunciar derechos de sucesión mortis causa de una herencia o parte de ella, en vida del causante. Cuando estos actos impliquen cesión de tales derechos a un tercero será necesario el consentimiento del causante.

Los pactos sucesorios pueden contener cualesquiera disposiciones mortis causa a favor de los contratantes, de uno de ellos o de tercero, a título universal o singular, con las sustituciones, modalidades, reservas, cláusulas de reversión, cargas y obligaciones que los otorgantes establezcan (Ley 177).

Como modalidades de pactos sucesorios se admiten los pactos de institución, consistentes en que la institución podrá hacerse determinando en el propio pacto las personas llamadas a la herencia o estableciendo las reglas conforme a las cuales debe ésta deferirse en el futuro delegando en una o más personas la facultad de ordenar la sucesión. Estos pactos pueden asimismo implicar simples llamamientos a la sucesión o contener también la transmisión actual de todos o parte de los bienes.

---

145 Al respecto, LUQUIN BERGARECHE, R., "Pactos sucesorios en Navarra", en *Tratado de derecho de sucesiones*, op. cit., pp. 1431 y ss.

En cuanto a los efectos hay que distinguir en atención a que se estipulen sin transmisión actual de bienes, en cuyo caso confieren únicamente la cualidad de heredero contractual, que será inalienable e inembargable; y los que impliquen transmisión actual de bienes, en los que el instituyente podrá reservarse la facultad de disponer por cualquier título o sólo por título oneroso.

Además del pacto de institución de heredero a un descendiente, se contempla aquél en el que un ascendiente otorga una donación propter nuptias a un contrayente de los bienes que dejare al fallecer.

También y, aunque no contienen una regulación específica en el Título IV, los pactos de renuncia, permitidos en las leyes que regulan la sucesión en general, posibilitan la autoexclusión en la sucesión legal o los pactos relativos a la renuncia al usufructo de fidelidad. Permiten por tanto renunciar a cualquier llamamiento de herencia o legado, incluida la legal.

Finalmente, los pactos dispositivos de la herencia de un tercero, contemplados asimismo en la Ley 172, permiten incluir a un tercero como causante de la herencia de la que se trate previo consentimiento de éste.

10.6. Los pactos sucesorios en el País Vasco

Los pactos sucesorios quedan regulados por la Ley 5/2015, de 25 de junio, de Derecho Civil Vasco[146].

Como señala su Exposición de Motivos, los viejos documentos atestiguan que se aplicaron normas muy similares en los tres territorios históricos y que incluso los poderes testatorios y el testamento mancomunado se usaron con frecuencia fuera de Bizkaia. Por esta razón, se establece una redacción única,

---

146 IMAZ ZUBIAUR, L., "Pactos sucesorios en el País Vasco", en *Tratado de derecho de sucesiones*, op. cit., pp. 1471 y ss.

acompañada de las normas especiales para Bizkaia y Ayala, ampliándose de esta forma la libertad del testador.

Como queda establecido en su art. 17, los derechos y obligaciones de una persona se transmiten a sus sucesores desde el momento de su muerte, salvo lo que se establezca en pacto sucesorio de acuerdo con las disposiciones de esta ley, pudiéndose deferir la sucesión por testamento, por pacto sucesorio, o, en defecto de ambos, por disposición de la ley. El testamento no revoca el pacto sucesorio, pero éste deja sin valor el testamento que lo contradiga.

Mediante el pacto sucesorio el titular de los bienes puede disponer de ellos mortis causa y también renunciar a los derechos sucesorios de una herencia o de parte de ella, en vida del causante. Del mismo modo, cabe disponer de los derechos sucesorios pertenecientes a la herencia de un tercero con consentimiento de éste (art. 100).

La designación de sucesor en bienes por pacto sucesorio deja sin efecto cualquier disposición testamentaria anterior sobre los bienes comprendidos en el pacto. Dicha designación solo podrá modificarse o resolverse mediante nuevo pacto entre los otorgantes o sus sucesores o por las causas que hayan establecido las partes. El pacto sucesorio se extingue por las causas que las partes hubieran fijado o las legalmente establecidas.

La donación mortis causa de bienes singulares se considera pacto sucesorio y también lo será la donación universal inter vivos, salvo estipulación en contrario.

En cuanto a los pactos contractuales reconocidos, se encuentra el pacto de designación de sucesor. Este puede contener la disposición de la herencia, tanto a título universal como particular, así como la renuncia a la misma; en ambos supuestos, los otorgantes pueden fijar las reservas, sustituciones, cargas, obligaciones y condiciones a que haya de sujetarse.

En cuanto a los efectos, distingue en atención a que haya tenido lugar una designación sucesoria con transmisión de presente de los bienes, que confiere al sucesor su titularidad con las limitaciones pactadas en interés de los instituyentes, de la familia y de la explotación de bienes, por lo que, salvo pacto en contrario, todo acto de disposición o gravamen requerirá para su validez el consentimiento conjunto del instituyente y el instituido o, si ha habido designación sucesoria con transmisión post mortem de los bienes, en cuyo caso, el instituido recibirá los bienes en el momento de la muerte del instituyente, si bien desde el otorgamiento del pacto adquiere la cualidad de sucesor, que será inalienable e inembargable. En este caso, el instituyente conserva la titularidad de los bienes y, salvo pacto en contrario, podrá disponer de ellos a título oneroso. Si los bienes transmitidos constituyen patrimonios productivos en los que trabaje el instituido, se requerirá su consentimiento para la enajenación a título oneroso, siempre que instituyente e instituido no hayan pactado otra cosa.

En la institución sucesoria con eficacia post mortem el instituido podrá, incluso en vida del instituyente, disponer de su derecho a título gratuito, por actos inter vivos o mortis causa, a favor de sus hijos y descendientes. En el caso de que premuera al instituyente, el derecho del instituido se transmite a sus descendientes. Si existen varios hijos o descendientes sucesores del instituido premuerto abintestato, el instituyente puede escoger a uno o varios de aquéllos mediante testamento, pacto u otro título sucesorio.

La institución de sucesor en el patrimonio familiar puede acompañarse del pacto de comunidad entre instituyentes e instituidos, bajo la forma de diversas figuras societarias o en régimen de comunidad de bienes. Dicho régimen de comunidad o sociedad familiar pactada se regirá, en primer lugar, por el título de su constitución y de forma supletoria, por lo dispuesto en esta ley civil vasca. Salvo pacto en contrario, se entenderá que a la muerte de uno de los instituyentes su cónyuge o miembro superviviente de la pareja y otorgante del pacto conserva íntegros y con carácter vitalicio los derechos que ambos se hubieran reservado. Cuando el instituido falleciere en vida de aquél sin dejar hijos ni descendientes, revertirán al instituyente los bienes transmitidos por pacto sucesorio con carga de alimentos.

III. Mecanismos sucesorios y empresa familiar

1. LA EMPRESA FAMILIAR. CUESTIONES GENERALES

La empresa familiar en nuestro país carece de una regulación específica siendo paradójicamente la que configura la parte más importante del tejido empresarial español. De manera destacada ya Puig Brutau[147] señaló que una de las lagunas de nuestro actual sistema jurídico se encontraba en la ausencia total de regulación de las controversias relativas a la vida de la empresa familiar.

Aún en la actualidad dos de cada tres trabajadores en activo forman parte de la plantilla de una empresa familiar y las em-

---

147 PUIG BRUTAU, J., "El testamento del empresario". *Medio siglo de estudios jurídicos.* Tirant lo Blanch, Valencia, 1997, pp. 349-371.

presas cuya propiedad o gestión está en manos de una familia empresaria constituyen más del 90% del total y tienen un peso fundamental en la economía y en el mercado laboral actual. Sin embargo y, a pesar de dicha importancia, su regulación en el código civil es prácticamente inexistente, a salvo la regulación contenida en el párrafo 2° del art. 1056 CC.

Efectivamente, son pocos los instrumentos sucesorios previstos en el Derecho Civil común, que sólo contempla la posibilidad de que el testador pueda realizar en vida la partición atribuyendo la empresa a uno de sus hijos a fin de mantener indivisa la explotación económica. Pero no sólo ello, tampoco hay un concepto único, ni bien perfilado de empresa familiar, lo que permite incluir desde el pequeño empresario individual, caracterizado por consistir en una pequeña comunidad de trabajo no asalariado a las grandes sociedades familiares. Sin embargo, al empresario individual le deberán ser de aplicación las mismas normas que a las personas físicas, especialmente las concernientes a la regulación de su economía matrimonial y a su sucesión, mientras que el empresario societario se verá sometido a los estatutos que determinen el régimen de su sociedad, normalmente anónima o, preferiblemente limitada y, con carácter subsidiario al régimen general establecido en las Leyes respectivas; sin perjuicio, de que todas estas formas de empresa, normalmente suelen empezar teniendo forma individual y una vez empiezan a engrandecerse pasan a convertirse en holding o cualquier otra modalidad societaria.

Dicha situación provoca que el tratamiento de la empresa familiar aúne los problemas sucesorios que plantea la figura del empresario considerado desde el prisma de su condición de individuo afecto a las reglas propias del derecho de sucesiones con los que derivan simultáneamente de la dinámica, gestión y naturaleza de una empresa.

La escasa previsión en el ordenamiento jurídico de una normativa que afronte la forma sucesoria adecuada para transmitir la empresa obliga a recurrir a las fórmulas previstas para la sucesión en general porque lo que no es admisible es dejar su solución a las reglas del abintestato. Así, en ausencia de disposiciones de última voluntad, los derechos del cónyuge viudo por ejemplo quedan reducidos en la mayor parte de supuestos al usufructo parcial, dependiendo de los sujetos que concurran a la sucesión, provocando que se encuentre en una situación precaria debido a los limitados derechos que le deja la Ley y el derecho de los herederos a provocar una partición.

Esta situación es paradójica puesto que justamente los mecanismos más adecuados de protección que precisa la empresa requerirían transgredir para su pervivencia alguna de las prohibiciones establecidas en el ordenamiento común pero que han sido mantenidos en los ordenamientos forales. A tal efecto, el causante podrá testar contando con una serie de limitaciones legales que tendrá que respetar, señaladamente las correspondientes a la prohibición de establecer pactos futuros sobre la herencia en vida, que plantean un riesgo de nulidad sobre determinadas estrategias empresariales destinadas a reglamentar anticipadamente la sucesión y respetar los derechos de los legitimarios.

Igualmente, el planteamiento del testamento del empresario deberá afrontar las cuestiones referidas en primer lugar a la liquidación del régimen económico de su matrimonio sin perjuicio de que en las capitulaciones matrimoniales se pueda estipular la adjudicación de un bien perteneciente a la comunidad o personal a su consorte a cambio de rendir cuentas a los herederos si el valor de la cosa excede de sus derechos sobre la comunidad o la sucesión, con preferencia respecto a los restantes herederos... Esta cláusula tiene la enorme ventaja en el ámbito de la empresa de que permite escapar de los inconvenientes de la indivisión y del aleas que supone un reparto. Aunque esta cláusula fue condenada inicialmente como pacto por sucesión futura, se considera válida en la actualidad; y, en segundo lugar, las referidas a la adjudicación de los bienes con carácter general o, a la empresa o, a sus herederos con la finalidad de evitar que el empresario muera sin haber dejado prevista la sucesión.

Con relación al futuro de la empresa, el testamento del empresario pretende garantizar la continuidad de la empresa; evitar el nacimiento de una comunidad hereditaria; asegurar que el control y la gestión de la empresa queda en manos de la familia y no en extraños, terceros y ajenos, por tanto, a los vínculos familiares; intentar que la gestión de la empresa sea ostentada por los miembros de la familia más competentes; idear un mecanismo de compensación para los herederos que queden excluidos de la dirección y gestión de la empresa... Todo ello en la consideración de que la empresa es una unidad indivisible. Así, la considera el art. 1.056.2 CC cuando prefiere relegar el pago de la legítima compensando la "pars bonorum" con una cantidad en metálico en concordancia con el art. 1.062 CC.

2. LA PARTICIÓN REALIZADA POR EL TESTADOR. IDEAS GENERALES

El patrimonio del empresario familiar está condicionado por actuaciones de presente en estricta vinculación con la salvaguarda del patrimonio familiar para las generaciones venideras, de forma que la gestión que se realice no sólo tiene como pretensión engrandecer la empresa sino mantener su perdurabilidad en el tiempo, condicionantes que obligan a que todas las decisiones que adopte el empresario familiar estén encaminadas a mantener la subsistencia de la empresa. A este respecto, la mayor parte de decisiones perseguirán mantener la propiedad de la empresa y de los frutos y beneficios que deriven de ella, al mismo tiempo que impedir que su titularidad pase a manos de terceras personas, ajenas al interés de la familia. Este es también el sentido de las disposiciones ajenas al Código Civil que contemplan conexiones entre empresa y familia, como hace el art. 5 del Código de Comercio sobre la continuación del comercio por los menores o personas con discapacidad o el Real Decreto Legislativo 1/2020, de 5 de mayo, por el que se aprueba el texto refundido de la Ley Concursal, que contempla en su art. 282 el fenómeno familiar ante las situaciones de insolvencia, adoptando una posición de desconfianza ante los créditos concedidos por los familiares a la persona física que es declarada en concurso, entendiendo por tales, al cónyuge del concursado o quién lo hubiera sido dentro de los dos años anteriores a la declaración de concurso, su pareja de hecho inscrita o las personas que convivan con análoga relación de afectividad o hubieran convivido habitualmente con él dentro de los dos años anteriores a la declaración de concurso. Igualmente, los ascendientes, descendientes y hermanos del concursado o de cualquiera de las personas referidas anteriormente, así como los cónyuges de los ascendientes, de los descendientes y de los hermanos del concursado.

El patrimonio familiar está directamente vinculado con la sucesión, lo que obliga a incidir de manera especial en los mecanismos jurídicos que el empresario debe adoptar con el propósito de asegurar su continuidad y conservación. Pocos son, sin embargo, los instrumentos sucesorios previstos en el Derecho Civil común. Al respecto sólo contempla el derecho de atribución preferente vinculado al régimen de gananciales, en el intento de permitir que el patrimonio pase a manos del cónyuge supérstite, y la posibilidad de que el testador pueda realizar en vida la partición atribuyendo la empresa a uno de sus hijos a fin de mantener indivisa la explotación económica.

Una de las opciones más recomendables de las que dispone el empresario para asegurar en vida la conservación de su patrimonio es realizar la partición de sus bienes por acto inter vivos o de última voluntad, respetando la legítima de los herederos forzosos.

La formalización de la partición constituye una de las actuaciones más claras para impedir que se configure la comunidad hereditaria. En ella, el testador tiene la facultad de distribuir los bienes a su arbitrio, asignándolos a los miembros de la familia que considere más idóneos para hacer frente a las cargas y responsabilidades empresariales y a las compensaciones económicas[148].

El criterio en el que reside esta partición se basa en que el testador es la persona que se encuentra en mejores condiciones para conocer la utilidad de los recursos que posee así como las aptitudes de los herederos y legatarios con vistas al futuro de la empresa pensando siempre en eliminar la pugna y los litigios que pueden derivar de la situación de comunidad y de las operaciones divisorias, imponiendo la cláusula de que quien no asuma dicha partición verá reducida su parte a la legítima estricta[149].

3. PECULIARIDADES

Dentro de los tipos de partición extrajudicial se encuentra la realizada por el propio testador, como así se deduce de lo contenido en el artículo 1056 del Código Civil, al establecer que cuando el testador hiciere, por acto entre vivos o por última voluntad, la partición de sus bienes se pasará por ella, en cuanto no perjudique la legítima de los herederos forzosos. Como estableció la STS de 26 de enero 2012[150], esta partición se produce cuando no sólo ha fijado la cuota que determina para cada heredero, aparte de los legados, sino cuando señala los bienes que integran tal cuota. Esta partición no extingue la comunidad hereditaria, sino que la evita; es un acto mortis causa que tiene eficacia a la muerte del causante[151].

---

148 En sentido contrario a mantener como idóneo el criterio de la primogenitura, BARBEITO ROIBAL, S., GUILLÉN SOLÓRZANO, E., MANUEL MARTÍNEZ CARBALLO, M., DOMÍNGUEZ FEIJÓO, G. "El criterio de elección del sucesor en las empresas familiares gallegas". *Revista Galega de Economía,* vol. 15, núm. 2, 2006, pp. 1-16.

149 SAP de Cádiz (Sección 7ª), de 7 enero de 2003. (JUR 2003\121284).

150 ECLI:ES:TS:2012:286.

151 En el mismo sentido, SSTS de 4 de febrero de 1994 y 21 de diciembre de 1998 y destaca la de 7 de septiembre de 1998.

El testador puede distribuir sus bienes, asignándolos en todo o en parte. Es libre de partir en la forma y el modo que desee, sin vinculación cualitativa ni cuantitativa alguna. En este sentido, la STS 4 noviembre 2008 asumió la doctrina de que para la validez de la partición realizada por el testador el CC no exige que en la misma se incluyan todos los bienes de la herencia, en contra de la línea jurisprudencial y registral existente hasta el momento, que considera que aunque el propio testador manifieste expresamente que realiza la partición de la herencia, si no la hace sobre la totalidad de los bienes o no incluye el inventario y avalúo, así como los lotes objeto de adjudicación, no se hacen todas las operaciones objeto de la partición, haciendo innecesario que tenga que realizarse por otros medios o se designa contador-partidor, más allá que un mero ejecutor de la voluntad del testador, se trata de una norma o normas particionales y no de una partición realizada por el testador porque, no toda disposición del testador realizada sobre bienes hereditarios puede estimarse como una auténtica partición hereditaria[152]. Para delimitar la cuestión existe una regla de oro, consistente en que la determinación de una verdadera partición se dará cuando el testador ha distribuido sus bienes practicando todas las operaciones – inventario, avalúo, liquidación y formación de lotes objeto de las adjudicaciones correspondientes –, pero cuando, así, no ocurre, surge la figura de las denominadas doctrinalmente normas para la partición, a través de las cuales, el testador se limita a expresar su voluntad para que en el momento de la partición, determinados bienes se adjudiquen en pago de su haber a los herederos que mencione"[153].

---

152 REBOLLEDO VARELA, A. L., "Partición por el testador: redacción del testamento e interpretación de la voluntad manifestada (una perspectiva práctica a la luz de la jurisprudencia), *Actualidad Jurídica Iberoamericana*, núm. 20, febrero 2024, pp. 766-789.

153 En contra, sin embargo, STS 21 julio 1986. LORA-TAMAYO RODRÍGUEZ, I., La partición practicada por el testador y la adjudicación de la herencia existiendo legitimarios. *El Notario del Siglo XXI*, núm. 62, 2015.

En cuanto a las formas en las que puede realizar el testador la partición, según el artículo 1056 del Código Civil, será mediante un acto inter vivos o mortis causa[154]. Sin embargo, la jurisprudencia ha cuestionado que pueda realizarse por actos inter vivos sin que exista testamento posterior que la confirme. En este sentido la SAP de Córdoba, a través de su sentencia de 15 de junio 2015[155], declara que la partición inter vivos puede generar confusión al ser susceptible de no distinguirse con la donación o con un pacto sucesorio radicalmente prohibido en nuestro derecho común por el artículo 1271 del Código Civil, por lo que, como «(...) la propia literalidad del texto legal permite concluir que estamos ante un acto mortis causa que precisa testamento pues el Código no dice «el causante» sino « el testador», lo que conlleva la necesidad del testamento que puede ser anterior, coetáneo o posterior a la partición, pero que se hace necesario ya que la partición inter vivos no es sino un complemento del testamento de modo que la revocación del mismo, acarrearía también que la partición carece de operatividad[156].

Asimismo, la SAP Málaga de 28 de abril 2011[157] señala: «Considera el Tribunal Supremo en Sentencia de 6 de marzo de 1945 lo siguiente: (...) Sexto: Que si bien el artículo 1056, aludido, del Código español, admite que el causante pueda realizar partición de sus bienes de dos modos distintos, por acto «inter vivos» o por disposición de última voluntad, no se remite, como el Código napoleónico lo hace, en cuanto a la primera de estas modalidades, al régimen específico de las donaciones «inter vivos», ni permite entender que ese acto entre vivos a que el texto legal se refiere (y que quizá se entronca, más que con la fórmula de los Códigos extranjeros, con la de nuestra ley novena, título quince de la Partida

154 STS 26 enero 2012, TOL2.411.963.

155 ECLI:ES: APCO:2005:896.

156 SSTS 29 octubre 1960 y 28 mayo 1965.

157 ECLI:ES:APMA:2011:499.

sexta anteriormente citada) suponga un puro acto de esa naturaleza, ya que, en una técnica rigurosa, para discriminar los actos «inter vivos» y los actos «mortis causa» hay que atender a su finalidad y al tiempo en que el acto o negocio ha de producir su efecto típico o definitivo, de tal modo que serán negocios «mortis causa» los destinados a regular las relaciones jurídicas después de la muerte del sujeto del negocio o de uno de sus sujetos, y sobre esta base, la división del patrimonio es fundamentalmente un acto «mortis causa», que tiene clara finalidad sucesoria, como lo confirma el propio artículo 1056 de nuestro Código Civil EDL 1889/1, al poner en todo caso como límite a la eficacia de la partición hecha por el testador el de no perjudicar la legítima de los herederos forzosos, siquiera se permita que este acto «mortis causa» vaya ligado, por una especie de yuxtaposición de elementos, a una declaración de voluntad emitida dentro del molde propio de los actos «inter vivos», sin perder por ello su naturaleza ni dar siquiera al negocio particional (complejo en cuanto a sus elementos integrantes, mas no en cuanto a su naturaleza sustancial) el carácter mixto que suelen atribuir a la donación-partición los intérpretes del Código francés y del italiano de 1865 , (...). Séptimo: Que la doctrina científica patria más generalizada, (...) entiende, en el sentido expuesto, que se trata en esencia de una pura división hereditaria, la cual, aunque pueda revestir dos formas, implica siempre un acto de última voluntad. Octavo: Que siguiendo esa misma orientación la doctrina de esta Sala tiene declarado: que la facultad que concede el artículo 1056 supone y requiere un testamento previo o ulterior en el que se disponga o se exprese el deseo de atemperarse a las normas de la ley, o sean las de la sucesión intestada (Sentencias de 13 de junio de 1903 y 6 de marzo de 1917); que dicha facultad no obstaculiza la posible variación de la voluntad del causante durante su vida y el otorgamiento consiguiente de otro testamento que deje sin efecto el anterior y la división realizada (Sentencias de 9 de junio de 1903 y 9 de julio de 1940), y que no obsta a la validez de la partición el haber sido hecha en documento privado, cuando en testamento posterior se refiere a ella el padre y no perjudica la legítima de los herederos forzosos (Sentencia de 6 de marzo de 1917) (...)».

En este sentido también se ha pronunciado la Dirección General de los Registros y del Notariado (actualmente denominada Dirección General de Seguridad Jurídica y Fe Pública) que mediante su resolución de 3 de marzo de 2015 estableció que: «(...) el artículo 1056 del Código Civil contempla dos supuestos distintos de partición según se haga en testamento o por acto inter vivos. Pero en este último caso, la jurisprudencia ha determinado que la partición inter vivos ha exigido siempre la existencia de un testamento, y aunque la partición pueda formalizarse en un documento independiente, siempre precisará de la fuerza de un testamento —anterior o posterior a aquélla— que a ella se refiera para confirmarla».

Podrá pues adjudicar a los sucesores bienes de distinta naturaleza, prever el pago de suplementos en metálico por las diferencias existentes entre adjudicaciones o simplemente mantener la desigualdad entre ellas, incluso cuando de tal modo contradiga la importancia respectiva de las cuotas en que los herederos han sido instituidos, pues cualquier discrepancia entre institución y partición ha de resolverse a favor de la segunda[158].

La partición debe hacerla el testador entre sus herederos, requiriendo necesariamente de testamento previo, simultáneo o ulterior. No podrá ser impugnada por causa de lesión sino en el caso de que perjudique la legítima de los herederos forzosos o de que aparezca o, racionalmente se presuma, que fue otra la voluntad del testador[159].

La distribución de los bienes ha de ser partitiva, lo que implica su inexistencia cuando se limite a la mera adjudicación de

---

158 SSTS 29 enero 2008; 18 marzo 2010 [2010/2409. CARBALLO FIDALGO. M., "Comentario al art. 1056 CC". Código Civil Comentado. Volumen II [Libro III - De los diferentes modos de adquirir la propiedad (Arts. 609 a 1087)]. 2ª ed., mayo 2016, p. 1448.

159 SAP Granada (Sección 3ª), de 4 octubre de 1999, (AC 1999\7184).

algunos objetos nombrando a un contador-partidor para realizar las operaciones particionales[160].

Si se hace sobre un testamento que posteriormente es revocado, no se podrá impugnar si los interesados la ratificaron expresamente tras el fallecimiento del causante. No cabe, sin embargo, atribuir la misma calificación a las meras instrucciones dadas por el testador sobre el modo de practicarla, que deja subsistir la comunidad hereditaria.

También el causante podrá adjudicar el pago de las deudas presentes y futuras a uno de los coherederos, no estando obligado al saneamiento a no ser que aparezca, o racionalmente se presuma, haber querido lo contrario, y salva siempre la legítima[161].

Si la partición se realiza fuera del testamento, podrá hacerse en documento público o privado o incluso hacerse verbalmente, si bien en este caso no se precisa la aprobación por parte de los herederos.

En esta modalidad son frecuentes los pactos accesorios, meramente instrumentales y ordenados atendiendo al propósito del testador de retirarse de sus negocios o de desprenderse de la ad-

---

160 SAP de Córdoba (Sección 1ª), de 20 octubre de 2003, (JUR 2003\271590), sobre nulidad de la partición por omisión del elemento principal y más valioso del caudal hereditario, hecha con finalidad únicamente fiscal.

161 VALLET DE GOYTISOLO, J., "Comentarios a los arts. 806 y ss". *Comentarios al Código Civil y Compilaciones Forales,* dirigidos por M. Albaladejo, T. XI., arts. 806 a 857 del Código Civil. Edersa, Madrid, 1982, pp. 4 y ss. En Navarra, la partición por el causante se halla regulada por la Ley 338, a cuyo tenor: *"El causante podrá hacer la partición de sus bienes en el mismo acto de disposición mortis causa o en acto separado que revista una de las formas que esta Compilación admite para disponer por causa de muerte. Si la partición se hiciere en el mismo acto de disposición y resultare alguna contradicción entre las cláusulas dispositivas y las particionales prevalecerán éstas sobre aquéllas en la medida de la contradicción. Si se hiciere por acto separado, las cláusulas particionales no podrán modificar las contenidas en el acto dispositivo, a menos que éste fuera revocable y pudiera ser revocado mediante la forma adoptada para el acto de partición"*.

ministración de sus bienes. Tales pactos, sin embargo, no confieren a la eventual entrega de bienes por parte del testador función particional inmediata ni otro significado más que una transmisión precaria de la posesión, a menos que medie donación u otro contrato, como podría ser dar en arriendo su lote a cada heredero.

En todo caso, el efecto principal de la partición queda aplazado hasta la apertura de la sucesión ya que, hasta ese momento, los bienes siguen perteneciendo al causante cualquiera que sea la situación material en que se hallen o de la persona en cuyo poder se encuentren, si bien tiene la ventaja de que el testador la puede imponer teniendo carácter irrevocable por parte de los herederos[162].

Tras mediar la aceptación de la herencia, los bienes pasarán automáticamente a su destinatario que los recibirá en concepto de heredero[163].

Esta modalidad de partición está sujeta a dos limitaciones.

La primera de ellas es que los bienes sean propiedad del testador. Este requisito trae consigo conflictos cuando el testador dispone en testamento de bienes gananciales sin haber procedido previamente a la liquidación de la sociedad, como se expone posteriormente.

La segunda limitación es respetar el derecho a la legítima de los herederos forzosos. En el caso de que perjudicase a esta, podrá impugnarse la partición por lesión, como dispone el artículo 1075 del CC. En este caso, las acciones de impugnación únicamente podrán ser ejercidas en la hipótesis de que, en la partición hecha por el testador, se perjudiquen las legítimas o de que aparezca o racionalmente se presuma que fue otra la voluntad del testador.

---

162 SAP de Cáceres (Sección 2ª), de 22 abril de 2002. (JUR 2002\184626).

163 LACRUZ BERDEJO, J.L., Derecho de sucesiones, V.I., Ed. Bosch, Barcelona 1976, p. 198.

Respetados dichos límites, cabe advertir el carácter vinculante de la partición efectuada por el testador, que es inatacable por diferencias de valor, sean estas originarias o sobrevenidas, dado que, el artículo 1056 del Código Civil establece que cuando el testador haga la partición, «se pasará por ella»[164]. En consecuencia, el testador goza de libertad para realizar en la partición una distribución no equitativa, siempre que se respete la legítima.

4. LA FACULTAD DE DISPONER DEL TESTADOR EN RÉGIMEN DE GANANCIALES

Una cuestión controvertida es delimitar el alcance de la facultad de disponer del testador en régimen de gananciales; esto es, si se han de incluir junto con los bienes que forman parte de su patrimonio privativo sus derechos sobre los bienes gananciales[165].

Tradicionalmente la sociedad legal de gananciales ha sido y es el régimen económico del matrimonio de carácter subsidiario de primer rango que se contempla en el Código civil como aplicable a todos los matrimonios celebrados en una CCAA que no tenga atribuida competencia en materia de derecho civil, siempre que no hayan optado por otro distinto en capitulaciones matrimoniales.

El rasgo que la caracteriza es la conformación de un patrimonio común, independiente al configurado por los bienes propios de cada uno de los cónyuges que, sin tener personalidad jurídica propia, tiene la entidad suficiente para obligarse y hacer frente a las deudas derivadas de la convivencia en común y del

---

164 STS n.º 115/2010, de 18 de marzo, ECLI:ES:TS:2010:1518.

165 Partidario de su inclusión es LLOPIS GINER, J.M., "La libertad del testador, su facultad de partir, comentario al nuevo artículo 1056.2 del Código Civil". *La empresa familiar: encrucijada de intereses personales y empresariales*. Coord. María José Reyes López, op. cit., pp. 51-59. STS (Sala de lo Civil, Sección 1ª), de 26 febrero de 2004. (TOL352.236).

mantenimiento y educación de los hijos, bien sean comunes, bien de uno sólo de los esposos.

Este patrimonio ganancial constituye una comunidad de bienes de tipo germánico formado por todas las ganancias y bienes que se obtienen durante el tiempo en que esté vigente la sociedad legal de gananciales, de forma que, como establece el art. 1344 CC, se hacen comunes para los cónyuges las ganancias o beneficios obtenidos indistintamente por cualquiera de ellos, que les serán atribuidos por mitad al disolverse aquella.

Como la sociedad de gananciales está constituida por las ganancias o beneficios obtenidas indistintamente por cualquiera de ellos, se conforman tres patrimonios distintos: dos, que son los compuestos por los bienes privativos de cada uno de los consortes; y, un tercero, que es formado por los bienes comunes de ambos. Por tanto, el casado bajo el régimen de gananciales es titular de un patrimonio privativo y cotitular con su cónyuge del ganancial con el que se debe hacer frente a las obligaciones y cargas propias de la sociedad conyugal, que en el momento o, bien de cambio de régimen económico por elección de otro en capitulaciones matrimoniales o por disolución del matrimonio es necesario liquidar como paso previo a su extinción. En cualquier caso, como establece el art. 1379 CC, cada uno de los cónyuges solo podrá disponer por testamento de la mitad de estos bienes[166].

Una vez concluida la sociedad por disolución del matrimonio, declaración de nulidad, separación judicial de los cónyuges o, porque convengan un régimen económico distinto con carácter previo habrá que proceder a su liquidación y posterior adjudicación de los bienes. Entre estos, inicialmente el art. 1406 del CC., determinaba que la explotación agrícola, comercial o industrial se incluirían con preferencia en el haber del cónyuge que los hubiera llevado con su trabajo. Tras la reforma de dicha norma,

---

166 STS de 21 diciembre 1998 [Tol 5119726]).

efectuada por la Ley 7/2003, la redacción de dicho precepto se modificó matizándose que cada cónyuge tendrá derecho a que se incluya con preferencia en su haber, hasta donde alcance "la explotación económica que gestione efectivamente".

Para que esta facultad pueda ejercitarse es necesario que la empresa tenga la naturaleza jurídica de ganancial, incluso las empresas y establecimientos a los que se refiere el art. 1347.5 del CC., es decir, los fundados durante la vigencia de la sociedad por uno de los cónyuges, pero a expensas de bienes comunes y que constituya una explotación en sentido amplio, por lo tanto se incluirán cualquier tipo de empresas y explotaciones, siempre que el cónyuge hubiese gestionado, efectiva y realmente, la sociedad de gananciales.

En relación con las empresas y establecimientos, el párrafo 5° del art. 1347 del CC. señala que los fundados durante la vigencia de la sociedad por uno de los cónyuges a expensas de los bienes comunes serán gananciales y, si concurre capital privado y capital común, pertenecerán proindiviso a la sociedad y al cónyuge en proporción al valor de sus respectivas aportaciones. Por lo tanto, la empresa será ganancial cuando se haya fundado conjuntamente por ambos cónyuges y sus beneficios serán también gananciales, incluso en el supuesto de que se haya creado por uno solo de los cónyuges, pero con bienes gananciales.

Inicialmente la jurisprudencia, tomando como referencia la mención que hace el primer párrafo del art. 1056 de que el testador solo puede disponer de sus bienes, entendió que los gananciales quedaban excluidos[167]. Esta interpretación no obstante cambió desde la STS de 12 marzo 1993 [Tol 1664430], y especialmente

---

167 RDGRN de 13 octubre 1916, la jurisprudencia ha sido bastante reiterada en este sentido (SSTS de 12 diciembre 1959 [Tol 4349439]; 20 mayo 1965 [Tol 4308039]; 25 noviembre 1966 [Tol 4305670]; 17 mayo 1974 [Tol 4253475]; 3 marzo 1980 [Tol 1740711]; 5 junio 1985 [Tol 1735934]; 7 diciembre 1988 [Tol 17339769]; 18 marzo 1991 [Tol 1727379]; y 22 febrero 1997 [Tol 215715]).

con las SSTS de 26 abril 1997 [Tol 5119575]; 11 mayo 2000 [Tol 4927079]; y 28 mayo 2004 [Tol 448404]. Todas ellas entendieron que esta partición también queda sometida al régimen de los arts. 1379 y 1380 CC, admitiendo que, cuando el testador utiliza el art. 1056 CC está referida a una comunidad postganancial indivisa en cuanto a los bienes comunes se refiere, que hace que el cumplimiento de la partición esté supeditado a que sean adjudicados a su lote tras la liquidación y división del haber conyugal[168].

5. LA PARTICIÓN CONTEMPLADA EN EL ART. 1056.2 CC

5.1. Antecedentes

El segundo párrafo del art. 1056 CC intenta solucionar la situación de que el causante quiera transmitir la empresa familiar a uno de sus legitimarios, pero no haya bienes suficientes en el patrimonio familiar para satisfacer las legítimas de quienes no resulten adjudicatarios de los activos y derechos que integran la empresa.

La redacción originaria del apartado segundo del art. 1056 CC ya era consciente de la necesidad de mantener indivisa la explotación familiar como medida para facilitar la continuidad de la empresa familiar. Para ello, su tenor literal establecía que: "El padre que en interés de su familia quiera conservar indivisa una explotación agrícola, industrial o fabril, podrá usar de la facultad concedida en este artículo, disponiendo que se satisfaga en metálico su legítima a los demás hijos".

---

[168] DOMÍNGUEZ LUELMO, A., "Comentario al art. 1056 del Código Civil", *Comentarios al Código Civil,* (Ana Cañizares Laso, dir.), Tirant lo Blanch, Valencia 2023, p. 1295.

La Ley 41/2003 sustituyó esta redacción por la vigente, escrita en términos más amplios, pero calificada por algunos autores como una pieza desencajada[169].

Dicho apartado segundo establece que: El testador que en atención a la conservación de la empresa o en interés de su familia quiera preservar indivisa una explotación económica o bien mantener el control de una sociedad de capital o grupo de éstas podrá usar de la facultad concedida en este artículo, disponiendo que se pague en metálico su legítima a los demás interesados. A tal efecto, no será necesario que exista metálico suficiente en la herencia para el pago, siendo posible realizar el abono con efectivo extrahereditario y establecer por el testador o por el contador-partidor por él designado aplazamiento, siempre que éste no supere cinco años a contar desde el fallecimiento del testador; podrá ser también de aplicación cualquier otro medio de extinción de las obligaciones. Si no se hubiere establecido la forma de pago, cualquier legitimario podrá exigir su legítima en bienes de la herencia. No será de aplicación a la partición así realizada lo dispuesto en el artículo 843 y en el párrafo primero del artículo 844.

El testador, o el contador-partidor expresamente autorizado por aquél, podrá adjudicar todos los bienes hereditarios o parte de ellos a alguno de los hijos o descendientes ordenando que se pague en metálico la porción hereditaria de los demás legitimarios.

Con anterioridad a dicha reforma de 2003, la realizada en 1981 en sus arts. 841 y ss., posibilitaron con carácter general que el testador, o el contador-partidor expresamente autorizado por aquél, pudiese adjudicar todos los bienes hereditarios o parte de ellos a alguno de los hijos o descendientes ordenando que se pague en metálico la porción hereditaria de los demás

169 NAVARRO FERNÁNDEZ, J.A., Introducción al derecho agrario. Régimen jurídico de las explotaciones agrarias. Valencia, Tirant lo Blanch, 2005, p. 290.

legitimarios. Pero, la vía establecida en estos preceptos no tiene el alcance reconocido en el segundo párrafo del art. 1056 CC, dirigido de manera expresa a ser un instrumento llamado a favorecer la continuidad de la empresa familiar.

Además del párrafo segundo del artículo 1056 CC, relacionados con la legítima y la conservación de la empresa, se introducen variaciones en el contenido del párrafo segundo del artículo 1271 respecto a los pactos sucesorios de carácter particional y en el artículo 1406.2º, respecto a la adjudicación preferencial legal que, en el caso de personas casadas en régimen de sociedad de gananciales, facilita, la continuidad de la propiedad de la explotación económica en manos del cónyuge que la gestione tras su disolución de la misma, recogida en el artículo 1406.2ºCC.

La redacción inicial del precepto suscitó dudas interpretativas en cuanto a su aplicación. En concreto, si el artículo 1056.2 podía solo aplicarse para conservar indivisa una explotación que no sea agrícola, industrial o fabril; si la facultad reconocida en dicho precepto es aplicable a cualquier causante respecto de sus legitimarios o debe aplicarse sólo al padre respecto de sus hijos. Pero también si es posible que el fundador atribuya la empresa a un tercero ajeno a la familia[170].

La posterior redacción sigue planteando igualmente algunas cuestiones por falta de claridad en su redacción. Así, el precepto no clarifica qué se entiende por interés de la familia; si el pago de la legítima debe hacerse con metálico hereditario o se admite el pago con efectivo extrahereditario y sigue resultando dudosa la extensión de las legítimas de los no adjudicatarios o el tiempo al que ha de ser valorado el caudal a efectos de su cálculo, entre otras cuestiones.

---

170 MIGUÉLEZ DEL RÍO, C., La empresa familiar y la sociedad legal de gananciales y su sucesión. *Pecunia*, núm. 12 (enero-junio, 2011), pp. 71-89.

5.2. Particularidades

A falta de regulación específica, con mayor o menor extensión existen reglas cuyo fin es evitar que la sucesión o la liquidación del régimen económico matrimonial menoscaben la explotación familiar del fallecido o de uno de los cónyuges. Entre ellas destaca, el art. 1056.2° CC; el 1406 CC en la liquidación de la sociedad legal de gananciales; la norma aragonesa, contenida en el art. 284 del Decreto Legislativo 1/2011, de 22 de marzo, del Gobierno de Aragón, por el que se aprueba, con el título de «Código del Derecho Foral de Aragón», el Texto Refundido de las Leyes civiles aragonesas, que permite excluir del usufructo viudal las explotaciones económicas...

La partición efectuada por el propio testador contemplada en el art. 1056 CC goza de un régimen especial en comparación con las restantes formas de partición, a saber: no existe una verdadera situación de comunidad hereditaria, el testador no se encuentra vinculado por la obligación de procurar la igualdad de los lotes prevista en el artículo 1061 del Código Civil y se diluye la obligación de evicción y saneamiento entre los coherederos conforme a lo establecido en el artículo 1070.1 del mismo cuerpo legal.

Igualmente, y sin perjuicio de verse sujeta a la regla común a toda partición, que es la obligación de respetar la legítima de los herederos forzosos, en este caso el respeto a la legítima de quienes tienen derecho a ella es puramente cuantitativo, lo que implica prescindir del criterio establecido en el artículo 1061 del Código Civil, sin perjuicio de que algunos autores hayan considerado que este último precepto solo queda excepcionado en el segundo párrafo del art. 1056 pero no, en el primero, por considerar que la expresión "no perjudique" se refiere tanto al aspecto cuantitativo como al cualitativo de la legítima.

Por consiguiente, el testador ha de respetar tanto la norma contenida en el citado artículo 813 CC[171], como el quantum legitimario, si bien, en el ámbito estrictamente particional, la excepción se contempla en el párrafo segundo del art. 1056 CC, que permite la transmisión a un solo adjudicatario, ya de la explotación, ya de las acciones o participaciones sociales que garanticen el control de la entidad societaria con la finalidad de preservar la unidad de una explotación económica o el control de una o varias sociedades de capital. Tampoco se verá vinculado al principio de homogeneidad de lotes[172], que significa que puede adjudicar a cada uno de los coherederos cosas de distinta especie, naturaleza o calidad.

5.3. La posibilidad de mantener indiviso el patrimonio empresarial

Parte esta disposición de que en la herencia no haya más bienes que dicha explotación, por lo que la legítima deberá satisfacerse a los demás hijos en metálico, a costa de su patrimonio particular, en la medida necesaria para pagar la legítima del resto de hermanos o lo que falte, en caso de existir otros bienes y éstos no sean suficientes para el pago de esa legítima cuando la regla general es que la legítima se pague en bienes de la herencia, y la excepción: satisfacer a los demás hijos con metálico extrahereditario[173].

---

171 El testador no podrá privar a los herederos de su legítima sino en los casos expresamente determinados por la ley.
Tampoco podrá imponer sobre ella gravamen, ni condición, ni sustitución de ninguna especie, salvo lo dispuesto en cuanto al usufructo del viudo y lo establecido en los artículos 782 y 808.

172 Art. 1.061 Código Civil.

173 SAP Córdoba 23 octubre 1996, (AC 1996/2022); DEPARTAMENTO DE FISCALIDAD Y EMPRESA F. GARRIGUES, ABOGADOS Y ASESORES TRIBUTARIOS. “La sucesión en la empresa familiar”, http: www.laempresafamiliar.com/web/fiscalidad/f_sep_2003_02_p.html.

El art. 1056 CC establece el criterio general de que, cuando el testador hiciere, por acto entre vivos o por última voluntad, la partición de sus bienes se pasará por ella, en cuanto no perjudique la legítima de los herederos forzosos. El segundo párrafo introduce una modificación sobre el pago de las legítimas en cuanto permite su satisfacción mediante el pago en metálico de dinero procedente de fuera del caudal relicto, al disponer que: El testador que en atención a la conservación de la empresa o en interés de su familia quiera preservar indivisa una explotación económica o bien mantener el control de una sociedad de capital o grupo de éstas podrá usar de la facultad concedida en este artículo, disponiendo que se pague en metálico su legítima a los demás interesados. A tal efecto, no será necesario que exista metálico suficiente en la herencia para el pago, siendo posible realizar el abono con efectivo extrahereditario y establecer por el testador o por el contador-partidor por él designado aplazamiento, siempre que éste no supere cinco años a contar desde el fallecimiento del testador; podrá ser también de aplicación cualquier otro medio de extinción de las obligaciones. Si no se hubiere establecido la forma de pago, cualquier legitimario podrá exigir su legítima en bienes de la herencia.

En estos casos exceptúa de la partición así realizada lo dispuesto en el artículo 843 y en el párrafo primero del artículo 844 CC.

Consiguientemente, al permitir al testador utilizar la facultad de hacer la partición para conservar indivisa una explotación económica o mantener el control de una sociedad de capital o grupo de éstas está autorizando su atribución unitaria, consintiendo al adjudicatario que pague en metálico su legítima a los demás interesados. Esta posibilidad se condiciona al interés de la familia o a la intención de conservar la empresa, con lo que en realidad se hace depender esta posibilidad de la simple voluntad del testador siempre que se cumplimenten los presupuestos exigidos en el precepto.

5.4. Presupuestos

5.4.1. Objeto de la partición

El tenor literal del precepto permite colegir las condiciones que se exigen para que la explotación económica se mantenga indivisa[174].

El objeto de la partición del art. 1056.2 CC, antes de la reforma operada por la Ley 7/2003, era una "explotación agrícola, industrial o fabril". Con la redacción actual del precepto queda más claro que el objeto de la partición integra cualquier explotación económica que se quiera mantener indivisa (así lo había reconocido la de STS de 28 mayo 1958 [Tol 4351239]). Ahora se permite además por esta vía mantener el control de una sociedad de capital.

Tampoco el texto original del art. 1056.2 CC contemplaba, como hace ahora, una situación habitual de la realidad económica actual como es la utilización de formas societarias para articular la organización y transmisión de la explotación familiar.

5.4.2 Interés de la familia o conservación de la empresa

La redacción originaria del art. 1056.2 CC establecía como referente para que el testador hiciese la partición el interés de la familia. Este criterio no obstante no logró alcanzar una opinión unánime, debatiendo la doctrina si dicho interés quedaba referido al mantenimiento de la explotación en el seno familiar evitando su fragmentación mientras que para otros se mostraba en la conservación de la empresa[175].

---

174 En sentido contrario, SAP Guipúzcoa, 2 febrero de 2005, *(AC*2005\596).

175 DÍEZ PICAZO, L., GULLÓN BALLESTEROS, A., Sistema de derecho civil. Derecho de familia. Derecho de sucesiones. T. IV y V. 6ª ed. Tecnos, Madrid 1992, p. 507.

Dicha premisa quedó complementada con la Ley nueva empresa que, a dicho extremo, añadió el propósito de conservación de la empresa, de forma que actualmente la causa determinante que le permite al testador preservar indivisible una explotación económica o mantener el control de una sociedad de capital o grupo de éstas es que dicha decisión opere en interés de su familia o en la conservación de la empresa[176].

Ambos presupuestos quedan perfectamente justificados para el empresario familiar porque, en la conservación del patrimonio familiar empresarial reside la esencia misma de esta figura: si no hay sucesión, no hay empresa familiar. Por ello, la yuxtaposición de este presupuesto a la redacción inicial ha servido para equilibrar el único requisito existente anteriormente, basado en el interés de la familia, de difícil evaluación en aquellas ocasiones en las que se ha intentado impugnar la partición basándose en su ausencia[177].

5.5. Adjudicatarios de la explotación

Además de regular los presupuestos objetivos que deben inducir al testador a realizar esta partición, el art. 1056 CC se refiere a las personas que deben ser pagadas.

El texto original del párrafo segundo del artículo 1056 expresaba que los legitimarios son quienes tienen derecho a la legítima. Sin embargo, en su redacción actual, el precepto alude en su párrafo primero a los herederos forzosos mientras que en el segundo emplea el de legitimarios. Esta dualidad sin embargo

---

176 SAP de Huesca 27 julio 2005, (JUR 2005\198835).

177 LLOPIS GINER, J. M., "La libertad del testador, su facultad de partir, comentario al nuevo artículo 1056.2.º del Código Civil". (María José Reyes López Coord) en *La empresa familiar: encrucijada de intereses personales y empresariales,* p. 66; RUEDA ESTEBAN, L., "La reforma del párrafo 2º del artículo 1.056 del Código Civil". *AAMN,* t. 44, 2006, pp. 57 y ss.

es irrelevante en cuanto el propio CC la utiliza en alguno de sus preceptos, como en los arts. 806, 815, 817 o 1075, entre otros.

Como la propia literalidad del precepto señala el testador tiene la facultad de mantener indivisa la explotación económica o mantener el control de una sociedad o grupo de éstas disponiendo que se pague en metálico su legítima a los demás interesados.

Esta redacción está falta de precisión y requiere ser concretada en dos de sus términos: legítima y demás interesados.

Con relación a la primera cuestión no puntualiza el precepto si alude a la legítima larga o corta.

Legitimarios pueden ser los descendientes o sus hijos, a falta de éstos los ascendientes o el cónyuge viudo. Cuando se está pensando en la continuidad de la empresa familiar parece que lo más acertado es referirse a los primeros y al supérstite. En todo caso, la mejora podría recaer sobre estos en su integridad o sobre alguno de ellos.

El adjudicatario de la explotación debe ser uno de los hijos del testador, que se encargaría de pagar en metálico la legítima de sus hermanos, pero como recuerda Domínguez Luelmo[178], admitida la posibilidad de mejorar a los nietos en vida de sus padres[179], éstos también podrían ser adjudicatarios de la explotación, y encargarse del pago de la legitima estricta de todos los legitimarios descendientes. Igualmente pueden ser adjudicatarios otros legitimarios no descendientes. En cambio, no parece posible adjudicar la explotación a un extraño con la carga de abonar todas las legítimas en metálico extrahereditario.

La segunda duda interpretativa está referida a la expresión: su legítima a los restantes interesados.

---

[178] DOMÍNGUEZ LUELMO, A., "Comentario al art. 1056 del Código Civil", *Comentarios al Código Civil*, (Ana Cañizares Laso, dir.), op. cit. p. 4862.

[179] STS de 28 septiembre 2005 [Tol 725216].

La referencia a su legítima parece que está referida únicamente a los restantes legitimarios y no a terceras personas; es decir, a personas integradas dentro del círculo familiar más estrecho.

5.6. El pago de la legítima

El párrafo segundo del artículo 1056 del Código Civil se configura desde su redacción originaria como una excepción al principio de que la legítima debe ser pagada en bienes de la herencia se permite el pago de la legítima en metálico bajo la justificación de conservar indivisa una explotación agraria, industrial o fabril.

Hasta la promulgación de la Ley 11/1981, de 13 de mayo, las únicas excepciones a la regla general de pagar la legítima con bienes hereditarios eran, además de la prevista en el art. 1056.2 CC, las contenidas en los arts. 821[180] y 829[181] CC, cuya pretensión es también evitar situaciones en proindiviso y la indivisibilidad de la cosa. A estos preceptos, algunos autores también sumaron la norma establecida en el artículo 839 del Código Civil.

La atribución de la explotación económica o de las acciones o participaciones sociales a un heredero tiene como efecto compensatorio el pago en metálico de su legítima a los demás interesados. Con ello, el precepto da a entender que la explotación

---

180 Cuando el legado sujeto a reducción consista en una finca que no admita cómoda división, quedará ésta para el legatario si la reducción no absorbe la mitad de su valor, y en caso contrario para los herederos forzosos; pero aquél y éstos deberán abonarse su respectivo haber en dinero.
El legatario que tenga derecho a legítima podrá retener toda la finca, con tal que su valor no supere al importe de la porción disponible y de la cuota que le corresponda por legítima.

181 La mejora podrá señalarse en cosa determinada. Si el valor de ésta excediere del tercio destinado a la mejora y de la parte de legítima correspondiente al mejorado, deberá éste abonar la diferencia en metálico a los demás interesados.

debe adjudicarse a un legitimario, para que éste pague en dinero las legítimas de los demás, es decir, de aquellos que no van a recibir bienes en pago de su legítima. En caso contrario quebraría el principio de intangibilidad cualitativa global de la legítima, que debe ser respetado en todo caso, de manera que la totalidad de los bienes siempre queden en manos de, al menos, un legitimario. Lo que sí es admisible es la adjudicación a más de un legitimario, creando una comunidad exclusivamente entre los adjudicatarios. Ello podría hacer más asequible el pago de las compensaciones en metálico, ya que serían dos o más pagadores y además, la porción de la legítima a pagar en dinero sería siempre menor que en el caso de adjudicar la explotación a uno sólo de los legitimarios[182].

En todo caso, la norma contenida en el artículo 1056 tiene carácter imperativo en el sentido de que obliga a los herederos a pasar por la partición hecha por el testador siempre que ésta respete la legítima. Este es el criterio seguido por la jurisprudencia en sentencias de 6 de marzo de 1945 y de 4 de febrero de 1994. En concreto, esta última establece que "... el mandato que contiene dicho precepto 1056 del Código Civil (...) obliga a los herederos a pasar por ella. La norma se presenta como imperativa, lo que refuerza el artículo 1058 que señala la prioridad de la partición testamentaria".

Es requisito necesario que el testador o el contador-partidor establezca la forma de pago, ya que, de no ser así, cualquier legitimario podrá exigir su legítima en bienes de la herencia. En todo caso, aunque no se hubiese fijado la forma de pago podrá acordarse entre el elegido como adjudicatario y los demás legitimarios, si bien este acuerdo necesita la unanimidad entre los interesados, por lo que se rompe el carácter imperativo que tiene el precepto[183].

---

[182] DOMÍNGUEZ LUELMO, A., "Comentario al art. 1056 del Código Civil", op. cit., p. 4864.

[183] LLOPIS GINER, J.M., "La libertad del testador, su facultad de partir, comentario al nuevo artículo 1056. 2.º del Código Civil", op. cit., p. 67.

5.7. La fijación de la legítima

Aunque el testador atribuya la empresa a un solo heredero y limite el beneficio de los demás hijos a la legítima hay que fijar su cuantía atendiendo al valor de los bienes que quedaron a la muerte del testador, con deducción de las deudas y cargas, sin comprender las impuestas en testamento, como puedan quedar fijadas en determinados legados y modos; es suma, su cálculo se realizará sobre lo que integre la herencia en el momento de su fallecimiento.

Ninguna regla se pronuncia sobre cómo hacer la valoración de los bienes. De la doctrina jurisprudencial[184] parece deducirse que no puede ser la impuesta por el causante como consecuencia de que ha mantenido el criterio de que los legitimarios tienen derecho a una valoración objetiva.

Al valor líquido de los bienes hereditarios debe agregarse el de las donaciones colacionables.

En cuanto el momento en que deban ser valoradas, aunque el art. 818 CC tampoco lo refiere, existía la opinión mayoritaria que señalaba que habrían de valorarse en el momento de evaluar los bienes para la partición[185], sin embargo, la STS 3 de marzo de 2022[186], tras hacer una detallada exposición de las opiniones existentes, establece su criterio en función del título utilizado por el causante para satisfacer la legítima.

En el caso de que se suscite el conflicto de que el valor de la empresa sea superior al resultante de la operación aritmética de la liquidación, que no puede reducirse a la mera suma de sus elementos materiales, considerados con independencia de

---

184 SSTS 10 de diciembre de 2009 [Tol 1748158]. En la STS, Sala Primera, de 11 de mayo de 2001 [Tol 4974290] se sostuvo que "los legitimarios... tienen derecho a una valoración objetiva".

185 SSTS, 15 junio de 2007 [Tol 1123884] y 22 de febrero de 2006 [Tol 843360].

186 Tol 8876159.

su rendimiento, suele resultar conveniente el nombramiento de un contador-partidor[187].

5.8. Consecuencias

La adjudicación de la empresa a un solo heredero por partición del testador o por acuerdo entre coherederos sólo afectará a la responsabilidad por deudas en el aspecto interno; esto es, entre los instituidos herederos, pero no podrá variar el derecho de los acreedores a dirigirse contra cualquiera de los herederos por el importe total de cada crédito. Sólo en la esfera interna, por unidad de la empresa, el heredero, a quien se le ha adjudicado la empresa, queda obligado exclusivamente al pago de las deudas respecto a sus coherederos[188]. Por ello, este supuesto no siempre resulta especialmente favorable para su aplicación. Sí lo es, en aquellos casos en que la empresa familiar se trate de una empresa societaria en la que el fundador sea titular de una parte de capital suficiente para mantener la unidad de la empresa y el control de la sociedad[189], pero en el caso de transmisiones de pequeños paquetes de acciones que no transmiten facultades de control, como suele darse con frecuencia a partir de la segunda generación, puede resultar aconsejable recurrir en su lugar a los arts. 841 y siguientes del Código Civil, que permiten que el testador pueda adjudicar parte o todos de sus bienes hereditarios a alguno de sus hijos o descendientes satisfaciendo en metálico la porción de hereditaria de los legitimarios.

Además de ello, también el empresario debe tener en cuenta la conveniencia de instituir herederos a quienes no deban recibir la empresa. Las deudas de su empresa transmitida por

---

[187] PUIG BRUTAU, J., "El testamento del empresario", op. cit., pp. 349-371.

[188] Art. 1084 CC *in fine*.

[189] HUERTA TRÓLEZ, A., "La empresa familiar ante el fenómeno sucesorio", *Revista Jurídica del Notariado,* núm. 50, 2004, p. 120.

sucesión mortis causa lo son de su herencia, por lo que afectan a todos los herederos[190], incluso con responsabilidad solidaria.

6. OTROS SUPUESTOS DE PAGO EN METÁLICO. LOS ARTS. 841 Y SS. CC

La Ley 11/1981, de 13 de mayo de 13 de mayo, de modificación del Código Civil en materia de filiación, patria potestad y régimen económico del matrimonio reformó los arts. 841 y ss., ampliando los supuestos de pago en metálico de la legítima, al establecer que el testador, o el contador-partidor expresamente autorizado por aquél, podrá adjudicar todos los bienes hereditarios o parte de ellos a alguno de los hijos o descendientes ordenando que se pague en metálico la porción hereditaria de los demás legitimarios, con la finalidad de evitar conflictos que podrían bloquear la comunidad hereditaria por desavenencias entre los hijos. De esta forma, el hijo que recibe la legítima en metálico no entra a formar parte de la comunidad hereditaria y no puede promover el juicio de testamentaría.

Desde dicha reforma, el legislador permite al testador o al contador partidor autorizado a que cuando existan varios hijos o descendientes pueda adjudicar todos o parte de los bienes de la herencia a alguno de los hijos o descendientes, con independencia de que los bienes puedan o no ser divisibles y con el único límite de que se respete la porción hereditaria de los demás legitimarios, estando obligados los herederos adjudicatarios a cumplir con la voluntad del testador recibiendo los bienes que le han sido adjudicados puesto que, de lo contrario, se deben someter a las reglas comunes que el Código Civil establece para las particiones.

Aunque inicialmente se pensó que el segundo párrafo del art. 1056 del Código Civil quedaba subsumido en los artículos 841 y si-

190 Arts. 659-661 CC.

guientes, la posterior reforma del precepto permitió mantener ambas regulaciones basándose en las diferencias existentes entre ellas.

En concreto, la primera de ellas se encuentra en el presupuesto objetivo que existe en el artículo 1056.2.° CC, referido a la explotación económica o sociedad de capital o grupo de éstas, no mencionado en los artículos 841 y siguientes.

Otra de las diferencias, la segunda, reside en que mientras en el contenido del art. 842 CC se permite a los obligados a pagar la cuota en metálico exigir que sea satisfecha con bienes de la herencia, los adjudicatarios de la explotación quedan facultados para realizar el abono en efectivo extrahereditario, siendo esta opción vinculante para los herederos, incluidos los forzosos.

En tercer lugar, como ya se ha reseñado, el artículo 1056.2.° exige que las razones de la aplicación del supuesto sean la conservación y el interés familiar, lo que no es requisito necesario en los artículos 841 y siguientes.

Finalmente, en cuarto lugar, el propio precepto excluye lo exigido por los artículos 843 y 844.1° CC, relativos a la aprobación judicial a falta de la confirmación de todos los hijos o descendientes.

6.1. Aplazamiento y forma de pago

En previsión de que los bienes existentes para saldar la deuda agotarán en muchos casos el caudal hereditario, el precepto autoriza la disposición por el causante del pago de las legítimas de los no adjudicatarios con efectivo extrahereditario, y aun el aplazamiento de su pago hasta un máximo de cinco años desde el fallecimiento del testado, que puede establecer el contador por él designado.

Sobre la duración del plazo hay opiniones discrepantes. Así algunos autores han mostrado su disconformidad por entender que su duración es excesivamente larga[191] mientras para otros es posible que los interesados amplíen el plazo[192].

También, como el propio precepto dispone, podrá aplicarse cualquier otro medio de extinción de las obligaciones. Cabe entender, consiguientemente, que el artículo 1056.2.° CC admite como pago cualquier modalidad que constituya una causa de extinción de la obligación de pago. Esta posibilidad no es excepcional puesto que también está admitida dentro de los supuestos contenidos en los artículos 841 y siguientes.

A lo expuesto se suma finalmente, que la obligación de saneamiento cesa entre los coherederos, a no ser que racionalmente se presuma haber querido lo contrario[193].

No hay previsión para cuándo se incumpla el pago en el periodo pactado, por lo que habrá que estar a dispuesto en el art. 844.2 CC, en virtud del cual, la facultad conferida a los hijos o descendientes por el testador o el contador-partidor caducará y se procederá a repartir la herencia según las disposiciones generales sobre la partición. Sin embargo, como señala Ragel Sánchez[194], la STS 9 de diciembre de 2010[195] consideró que no eran aplicables los arts. 841 y ss. CC a un supuesto en que la testadora había dejado a tres de sus cinco hijos el legado sobre el tercio de mejora y la parte de libre disposición, estableciendo

---

191 ESPEJO LERDO DE TEJADA, M., "Comentario al art. 1056 del Código Civil". *Comentarios al código civil.* (Rodrigo Bercovitz, dir.), Tirant lo Blanch, Valencia, 2013, p. 7655 y ss.

192 DOMÍNGUEZ LUELMO, A "Comentario al artículo 1056 del Código Civil". *Comentarios al código civil.* (Ana Cañizares Laso, dir.). T. (Arts. 744 a 1155), Tirant lo Blanch 2023. p. 1293.

193 Art. 1070.1° C.C.

194 RAGEL SÁNCHEZ, L.F., "Comentario al art. 844 Código civil". *Comentarios al Código civil,* (Rodrigo Bercovitz, dir.) T. V., Tirant lo Blanch, Valencia 2013, p. 6258.

195 Tol 2001835.

que una finca de campo fuera adjudicada, por considerarla indivisible, a los tres hijos mejorados «compensando a los restantes herederos en efectivo con la cantidad suficiente para cubrir la legítima estricta de los mismos». Para el Tribunal Supremo, «la norma del art. 844 CC no parece que deba ser aplicable a aquellos casos en que el testador imponga a sus herederos o legatarios la carga de pagar las legítimas en dinero, puesto que entonces el legatario no está autorizado para actuar de una forma distinta, ni en consecuencia, es titular de ninguna facultad de optar, ya que al pagar las legítimas en dinero, está cumpliendo la voluntad testamentaria que no puede infringir».

7. EMPRESA FAMILIAR GANANCIAL

En el caso de que la empresa familiar sea de carácter ganancial, como señala Huerta[196], es recomendable que ambos cónyuges formulen sus disposiciones particionales de manera coordinada, bien sea en sus respectivos testamentos, bien sea en un acto conjunto inter vivos, que se apoye en un testamento anterior o posterior, y sea compatible, en todo caso, con el acto particional.

Es criterio unánime por parte de la doctrina y de la jurisprudencia que los cónyuges no pueden atribuir individualmente ninguno de los bienes hasta que la sociedad legal de gananciales no se disuelva y liquide, puesto que no se puede asignar aisladamente la titularidad a cada uno de ellos, sin embargo, sobre la base de lo preceptuado en los artículos 1056 y 659 CC, en relación con el artículo 1379 CC, algún autor ha defendido la

---

196 HUERTA TROLEZ, A., "La empresa familiar ante el fenómeno sucesorio", op. cit., p. 124.

posibilidad de que la facultad conferida en el apartado 2° del art. 1056 puede recaer sobre bienes gananciales[197].

8. EL PROTOCOLO FAMILIAR

Finalmente, el testador puede incluir en su testamento un protocolo con la obligación de que sea aceptado por sus hijos, insertando una cláusula que establezca que, para el caso de oposición por alguno de ellos, éstos vean reducida su parte de herencia a la legítima estricta.

Según define el art. 2 del Real Decreto 171/2007, de 9 de febrero, por el que se regula la publicidad de los protocolos familiares, se entiende por protocolo familiar aquel conjunto de pactos suscritos por los socios entre sí o con terceros con los que guardan vínculos familiares que afectan una sociedad no cotizada, en la que tengan un interés común en orden a lograr un modelo de comunicación y consenso en la toma de decisiones para regular las relaciones entre familia, propiedad y empresa que afectan a la entidad

El protocolo se configura por tanto como un mecanismo regulador de los intereses de la empresa, que suele utilizarse como contrato en virtud del cual los miembros de la familia asumen el compromiso de someterse a una serie de reglas destinadas al funcionamiento de la empresa.

Estas normas son de carácter polivalente en cuanto tienden a regular el funcionamiento de la empresa, al mismo tiempo que a establecer los valores éticos y modos de conducta en el desempeño de la actividad empresarial, por lo que se hace imprescindible

---

197 PALAZÓN GARRIDO, M.L., "La conservación de la empresa familiar a través de la facultad contemplada por el nuevo artículo 1056, párrafo segundo del Código Civil". *Protección del patrimonio familiar.* Sánchez Calero, J., García Pérez, R. (Coords). Tirant lo Blanch, Valencia, 2006, p. 327.

distinguir las cláusulas que tienen valor contractual y, como tal su cumplimiento puede ser impuesto a las partes; de aquellas otras que, al ser de contenido meramente ético, no tienen fuerza coercitiva.

A pesar de que se recomienda, no todas las empresas lo hacen, pero para el caso de su suscripción habrá que ver cuál es la forma de incorporarlo a la empresa. Así, por ejemplo, si se trata de un empresario de primera generación, puede ser conveniente que éste, conocedor de sus hijos, de sus posibilidades y de la situación de la empresa, quiera dejarlo establecido, o mejor, imponerlo en el testamento.

IV. El principio de intangibilidad cuantitativa de la legítima en la reforma del derecho de las personas con discapacidad

I. PLANTEAMIENTO DE LA CUESTIÓN

Otras disposiciones que afectan a la facultad del testador se encuentran en la normativa que regula su facultad de disponer cuando tenga uno o varios hijos con discapacidad.

No es la primera ley que tiene ese propósito. Anteriormente, la Ley 41/2003, de 18 de noviembre, de protección patrimonial de las personas con discapacidad abordó también la modificación del sistema de sucesión forzosa, de forma que la actual ley 8/2021 ha seguido la línea iniciada por ella, si bien, con modificaciones y, sobre todo, con un cambio más radical sobre el modo de entender la discapacidad y el tratamiento de las personas afectadas por la misma. El motivo por tanto que diferencia ambas reformas es que mientras la primera intenta limitar el número de personas que pueden beneficiarse de dicha atribución limitando con ello la intangibilidad de la legítima, con la ley 8/2021 su fundamento es el opuesto porque se pretende hacer llegar este beneficio al mayor número posible de personas que se encuentren en esta situación[198].

Esta reforma ha servido para acomodar la terminología a lo dispuesto en la Convención de Nueva York y para introducir nuevas figuras con carácter protector prevalentemente. Precisamente para proteger y favorecer a estas personas, la ley 8/2021 ha modificado el sistema legitimario en los casos en que el testador tenga uno o varios descendientes con discapacidad para facilitarle que pueda beneficiar a estos parientes más desfavorecidos o dispensarles remedios adicionales cuando no dispongan de medios suficientes para solventar su situación económica,

---

[198] BOTELLO HERMOSA, P., "El nuevo artículo 808 del Código Civil y la posibilidad del testador de disponer de la legítima en favor de las personas con discapacidad", *Vulnerabilidad patrimonial: retos jurídicos.* (María Victoria Mayor del Hoyo, Sofía de Salas Murillo, dirs.). Aranzadi, Cizur Menor (Navarra), 2022, p. 497.

como contemplan los artículos 782, 808, 813 y 822 CC. Más en concreto, estos tres últimos preceptos han sido reformados en profundidad afectando el primero a la legítima de los descendientes; limitando el segundo, la imposición de gravámenes, condiciones y sustituciones sobre la legítima y, contemplando finalmente el restante, la donación o legado de un derecho de habitación sobre la vivienda habitual efectuados por su titular en favor de un legitimario en situación de discapacidad.

Es común a la reforma de estas disposiciones su incidencia directa sobre la legítima, realizada con la finalidad de facilitar a los progenitores que puedan ayudar a sus hijos cuando estén en situación de discapacidad reforzando su estado patrimonial a costa de los restantes legitimarios. A este respecto, buena parte de la doctrina ha criticado que se haya hecho una reforma parcial pues no se ha tenido en cuenta, ni la situación de los ascendientes, ni la del cónyuge si se hallaren en situación de discapacidad[199].

La ley 8/2021, de 2 de junio, por la que se reforma la legislación civil y procesal para el apoyo a las personas con discapacidad en el ejercicio de su capacidad jurídica ha supuesto una importante revisión que afecta a varios ámbitos jurídicos, entre los que se encuentran particularmente afectadas algunas reglas relativas al Derecho de sucesiones. No obstante, dicha reforma no ha servido para realizar una revisión o actualización de la regulación de la sucesión forzosa en el derecho civil común, a pesar de que, con anterioridad a su publicación, ya la Orden de 4 de febrero de 2019, encomienda a la sección de derecho civil de la comisión general de codificación el estudio de los regímenes sucesorios de legítimas y libertad de testar, con el fin de adaptar las normas

---

199 BERNAD MAINAR. B., “Incidencia de la Ley 8/2021, sobre las personas con discapacidad, algunos aspectos del derecho de sucesiones: porción legítima, aceptación y repudiación de herencia, colación y partición”, *Revista de Derecho Civil* http://nreg.es/ojs/index.php/RDC *2341-2216* vol. XI, núm. 1 (enero-marzo, 2024) Estudios, pp. 241-279.

jurídicas que disciplinan la sucesión por causa de muerte a las nuevas necesidades derivadas de los cambios sociales, y, muy especialmente, a los cambios producidos en las relaciones familiares.

Entre las reformas habidas en derecho de sucesiones por la Ley 8/2021 es destacable la realizada en materia de sustitución fideicomisaria, modificándose los arts. 782, 808 y 813 CC y la supresión de la sustitución ejemplar.

Se añaden, así, dos nuevos párrafos al art. 808 CC, el primero de los cuales establece que, "Cuando alguno o varios de los legitimarios se encontraren en una situación de discapacidad, el testador podrá disponer a su favor de la legítima estricta de los demás legitimarios sin discapacidad. En tal caso, salvo disposición contraria del testador, lo así recibido por el hijo beneficiado quedará gravado con sustitución fideicomisaria de residuo a favor de los que hubieren visto afectada su legítima estricta y no podrá aquel disponer de tales bienes ni a título gratuito ni por acto mortis causa".

Con relación a las medidas adoptadas, la reforma suprime el tercer párrafo del artículo 808 CC, pasando el actual cuarto párrafo a ocupar el tercer lugar, y añade a continuación dos nuevos párrafos, de forma que queda con la siguiente redacción:

«Constituyen la legítima de los hijos y descendientes las dos terceras partes del haber hereditario de los progenitores.

Sin embargo, podrán estos disponer de una parte de las dos que forman la legítima, para aplicarla como mejora a sus hijos o descendientes.

La tercera parte restante será de libre disposición.

Cuando alguno o varios de los legitimarios se encontraren en una situación de discapacidad, el testador podrá disponer a su favor de la legítima estricta de los demás legitimarios sin discapacidad. En tal caso, salvo disposición contraria del testador, lo así recibido por el hijo beneficiado quedará gravado con sustitución fideicomisaria de residuo a favor de los que hubieren visto afectada su legítima estricta y no podrá aquel disponer de tales bienes ni a título gratuito ni por acto mortis causa.

Cuando el testador hubiere hecho uso de la facultad que le concede el párrafo anterior, corresponderá al hijo que impugne el gravamen de su legítima estricta acreditar que no concurre causa que la justifique.»

Igualmente da una nueva redacción al segundo párrafo del artículo 813, que pasa a disponer que: «Tampoco podrá imponer sobre ella gravamen, ni condición, ni sustitución de ninguna especie, salvo lo dispuesto en cuanto al usufructo del viudo y lo establecido en los artículos 782 y 808.»

Lo mismo sucede respecto a los párrafos primero y segundo del artículo 822 CC, de los que modifica su texto con el siguiente tenor: «La donación o legado de un derecho de habitación sobre la vivienda habitual que su titular haga a favor de un legitimario que se encuentre en una situación de discapacidad, no se computará para el cálculo de las legítimas si en el momento del fallecimiento ambos estuvieren conviviendo en ella.

Este derecho de habitación se atribuirá por ministerio de la ley en las mismas condiciones al legitimario que se halle en la situación prevista en el párrafo anterior, que lo necesite y que estuviere conviviendo con el fallecido, a menos que el testador hubiera dispuesto otra cosa o lo hubiera excluido expresamente, pero su titular no podrá impedir que continúen conviviendo los demás legitimarios mientras lo necesiten.»

Por de pronto, la Ley 8/2021 ha mejorado parcialmente la situación de los hijos con discapacidad y la facultad de disponer del testador a este último, pero al mismo tiempo ha excluido a otras personas que se encuentren también discapacitadas. Ha clarificado la situación en lo que respecta a la expresa calificación de la sustitución fideicomisaria como de residuo, salvo que otra cosa diga el testador y ha relegado la primera a su expresa voluntad. Sin embargo, ha dejado cuestiones sin resolver que van a afectar al desarrollo y operatividad de esta figura. Por ello, la introducción de estas reformas no ha convencido a gran parte de la doctrina que ha visto en estas normas falta de claridad y confusión, que les ha llevado a concluir que su aplicación, lejos de beneficiar, no es recomendable porque puede ser una fuente de litigiosidad[200].

Entre las modificaciones que la ley 8/2021 ha introducido interesa destacar las que afectan a la capacidad para suceder, testar y aceptar la herencia; la facultad del testador de gravar la legítima de los restantes legitimarios como medida de protección de sus derechos en el caso de que tenga uno o varios descendientes con discapacidad, que, sin embargo no es novedosa en su integridad puesto que se introdujo con el mismo fin de protección a los descendientes con discapacidad en la Ley 41/2003, si bien su alcance fue más restrictivo al limitarse su ámbito de aplicación a las personas que hubiesen sido declaradas incapaces por una declaración judicial y, fundamentalmente, a la introducción por vez primera de la constitución de un fideicomiso de residuo a favor de los legitimarios que hubiesen visto afectada su legítima, mientras que ley anterior solo permitía que el testador estableciese una sustitución fideicomisaria sobre el tercio de legítima estricta.

---

200 DE AMUNÁTEGUI RODRÍGUEZ, C., "TREINTA Y NUEVE. Se suprime el tercer párrafo del artículo 808 CC, pasando el actual cuarto párrafo a ocupar el tercer lugar, y se añaden a continuación dos nuevos párrafos". *Comentarios a la Ley 8/2021 por la que se reforma la legislación civil y procesal en materia de discapacidad*. Aranzadi, Cizur Menor (Navarra), 2021.

II. MODIFICACIONES INTRODUCIDAS POR LA LEY 8/2021 EN MATERIA DE CAPACIDAD

1. La capacidad para suceder

La capacidad para suceder queda contemplada en los arts. 744 a 762 CC, entre los que se recoge la regla general establecida en los dos primeros de estos preceptos.

El concepto no ha sido modificado, de modo que podrá suceder, por testamento o ab intestato, toda persona física o jurídica que no esté incapacitada por la ley. Consecuentemente, como entre esas incapacidades absolutas para suceder no se menciona la circunstancia de la discapacidad, las personas que se encuentren en dicha situación podrán hacerlo en igualdad de condiciones que los demás, pudiendo ser herederos a título universal o particular, por testamento o ab intestato. Tampoco podrán suceder por causa de indignidad las personas con derecho a herencia que nos les hubieran prestado las atenciones debidas a las personas con discapacidad, referidas en los arts. 142 y 146 CC.

2. La capacidad para testar

La capacidad para testar ha sido objeto de modificación por la Ley 8/2021, de 2 de junio, por la que se reforma la legislación civil y procesal para el apoyo a las personas con discapacidad en el ejercicio de su capacidad jurídica.

Al respecto, el art. 662 CC establece el principio general de que pueden testar todos aquellos a los que la ley no lo prohíba expresamente, de lo que deriva que mientras la capacidad para testar es la regla general, la discapacidad es la excepción, recogido ya anteriormente en el art. 10.1 de la Ley 41/2003, de 18 de noviembre, de protección patrimonial de las personas con discapacidad.

Hay dos consecuencias que la doctrina ha precisado en relación con este precepto[201].

En primer lugar, el uso del término «expresamente» permite deducir que en esta materia no cabe ni la analogía ni una interpretación extensiva de los preceptos que declaran la incapacidad de testar.

En segundo lugar, la persona con discapacidad para testar fallecerá intestada, ya que, por una parte, en virtud del carácter personalísimo del testamento, su representante legal no puede otorgar testamento en su nombre y, por otro lado, dicho representante no le puede dar su autorización para que haga testamento, por ser las normas relativas a la capacidad de las personas de carácter imperativo y quedar fuera de la autonomía de los particulares.

Por último, la constatación de la capacidad de testar es una cuestión de hecho sometida de modo exclusivo al tribunal de instancia, pero revisable en casación en caso de que la valoración realizada sea contraria a la racionalidad y se vulneren las más elementales reglas de la lógica.

La regla general prevista en el artículo 662 CC ha de complementarse necesariamente con otros preceptos del Código, que establecen, a su vez, las excepciones a esta regla general tan amplia de la capacidad de testar.

La primera se encuentra en el artículo 663 del Código Civil, que señala que están incapacitados para testar tanto los menores de catorce años como la persona que, de modo habitual o accidental, no se halle en su cabal juicio. En ambos casos se está ante una incapacidad de testar de carácter general, ya que se aplica a todos los tipos de testamentos que el Código regula

---

[201] MARIÑO PARDO, F., "El testamento de la persona con capacidad modificada judicialmente: el artículo 665 del Código Civil. El caso del sujeto a curatela. La cuestión en las legislaciones forales. Las Sentencias del Tribunal Supremo de 15 de marzo de 2018 y de 15 de junio de 2018", *Iuris prudente,* 4 septiembre 2018.

y, se presume la ausencia de la necesaria capacidad cognitiva y volitiva para disponer de los bienes por testamento. Esta falta de discernimiento se debe, en un caso, a la minoría de edad y, en el otro, a la alteración grave de las facultades mentales.

La segunda reside en otros preceptos del Código Civil que exigen determinadas condiciones de capacidad para otorgar algún tipo de testamento específico. A título ejemplificativo, pueden citarse tanto el artículo 688 CC como el artículo 708 CC.

En relación con el testamento ológrafo, el artículo 688 requiere la mayoría de edad. Y, respecto al testamento cerrado, el artículo 708 prohíbe el otorgamiento de tal testamento a aquellos que no sepan o no puedan leer[202].

Son muchas y variadas las razones de esta regulación tan amplia de la capacidad de testar.

En primer lugar, la capacidad de testar no debe negarse a ninguna persona, ya que implica el ejercicio del derecho de propiedad y este es libre.

En segundo lugar, en materia testamentaria no hay posibilidad de suplir la falta de capacidad mediante la intervención de otras personas al ser el testamento un acto personalísimo. De ahí que interese el reconocimiento lo más amplio posible de la capacidad de testar.

También ha de señalarse que esta regulación es manifestación del favor testamenti; es decir, el favor o simpatía con la que la ley mira el testamento con el fin de facilitar el desplazamiento de las normas de la sucesión intestada.

La jurisprudencia deriva de la regla general del artículo 662 CC una presunción «iuris tantum» de capacidad de testar, siendo doc-

---

[202] Con idéntico pronunciamiento el artículo 421-14.5 de la Ley 10/2008 de 10 de julio, del Libro Cuarto del Código Civil de Cataluña relativo a sucesiones.

trina jurisprudencial constante que del principio general de capacidad recogido en el citado precepto se deduce una presunción de la capacidad del testador, acorde con el principio favor testamenti.

Ahora bien, se trata de una presunción iuris tantum, no iure et de iure, de manera que es carga de la parte que impugna el testamento acreditar que el testador no se hallaba en su cabal juicio. En concreto, ha de probarse de modo inequívoco, concluyente y completo que el testador carecía de capacidad natural en el momento mismo del otorgamiento del testamento[203]. De este modo, la mera duda referente al cabal juicio del testador en el momento del otorgamiento del testamento no basta para declarar su nulidad[204].

La apreciación de la capacidad del testador debe referirse de forma exclusiva al momento del otorgamiento del testamento. De ahí que la afirmación contenida en el artículo 664 CC de que el testamento hecho antes de la enajenación mental es válido, es una consecuencia clara de que sólo haya que atender al tiempo del otorgamiento del testamento para cerciorarse del cabal juicio del testador.

El art. 665 CC ha sido modificado por la Ley 8/2021, quedando de la forma siguiente: "La persona con discapacidad podrá otorgar testamento cuando, a juicio del Notario, pueda comprender y manifestar el alcance de sus disposiciones. El Notario procurará que la persona otorgante desarrolle su propio proceso de toma de decisiones apoyándole en su comprensión y razonamiento y facilitando, con los ajustes que resulten necesarios, que pueda expresar su voluntad, deseos y preferencias".

De dicha reforma cabe señalar que el precepto combina el testamento otorgado por personas con discapacidad con el sistema de apoyos y que elimina la presencia de los dos facultativos, designados por el notario con vistas a determinar la aptitud o la testamentifactio activa.

---

203 SSTS 26 abril 2008 y 21 noviembre 2007.

204 SSTS 27 junio 2005, 31 marzo 2004 y 19 de septiembre de 1988.

3. Capacidad para aceptar la herencia

La persona con discapacidad ha sufrido un notable cambio a raíz de las modificaciones introducidas por la ley 8/2021, al trasformar notoriamente la percepción de la capacidad de la persona, reflejada en el actual art. 996 CC[205], que viene a completar lo establecido en el artículo 992 CC, que contiene la norma general en materia de capacidad para aceptar y repudiar herencias.

Conforme al nuevo paradigma sobre la capacidad, la concurrencia de una discapacidad, en ningún caso, comporta su limitación, sin perjuicio de que, respetando la dignidad, voluntad y preferencias de la persona con discapacidad puedan adoptarse las medidas de apoyo que precise, conforme a los principios de necesidad y proporcionalidad.

El texto anterior a la reforma operada por la Ley 4/2021, disponía que "Si la sentencia de incapacitación por enfermedades o deficiencias físicas o psíquicas no dispusiere otra cosa, el sometido a curatela podrá, asistido del curador, aceptar la herencia pura y simplemente o a beneficio de inventario"[206].

Dicho precepto contemplaba una situación distinta a la actual porque restringía su ámbito de aplicación a aquellos casos de incapacitados sometidos a curatela en virtud de sentencia de incapacitación por enfermedades o deficiencias físicas o psíquicas, referidas en el hoy reformado artículo 287 CC. Excluía, pues, a las personas sometidas a tutela mientras que la actual redacción del art. 996 CC permite a las personas con discapacidad aceptar la herencia por sí mismas, salvo que la persona cuente con medidas de apoyo que requieran la intervención del curador o que otra cosa

---

205 La aceptación de la herencia por la persona con discapacidad se prestará por esta, salvo que otra cosa resulte de las medidas de apoyo establecidas.

206 Redacción que proviene de la disposición final decimoctava.1 de la Ley Orgánica 1/1996, de 15 de enero, de Protección Jurídica del Menor, de modificación parcial del Código Civil y de la Ley de Enjuiciamiento Civil.

resulte del establecimiento de las medidas de apoyo, disponiendo: "La aceptación de la herencia por la persona con discapacidad se prestará por esta, salvo que otra cosa resulte de las medidas de apoyo establecidas". Por tanto, antes se permitía aceptar al incapacitado sometido a curatela si la sentencia de incapacitación lo permitía mientras que, actualmente, en consonancia con los principios establecidos en la Convención de 2006 y recogidos en la Ley 8/2021, la regla general es que el sujeto con discapacidad pueda aceptar por sí mismo el patrimonio sucesorio deferido al mismo. Nada se específica acerca de si dicha persona puede aceptar pura o simplemente, expresa o tácitamente, o a beneficio de inventario, de lo que se deduce que puede realizar la aceptación de esta diversa manera. La única salvedad que se establece es que otra cosa se hubiera establecido en las medidas de apoyo. A este respecto, como señala Gete[207] en el panorama jurídico vigente, en contraste al anterior, no hay un modelo estándar de contenido del apoyo, de modo que cada caso difiere y se ha de examinar individualmente atendiendo a las medidas o soportes que se hayan establecido, ya sea judicial o voluntariamente.

En el primer caso, si se trata de un apoyo voluntario se habrá de estar a su contenido para conocer si se ha establecido alguna disposición especifica referida a la aceptación y repudiación de la herencia. Por su parte, en el segundo, en lo que respecta a la guarda de hecho y la curatela, la resolución judicial que acuerde la medida de apoyo no puede pronunciarse acerca de la capacidad de la persona, pero sí puede acordar una curatela representativa[208] aunque sea excepcional. En ambos casos, quien preste el apoyo podrá aceptar o repudiar la herencia que se defiere a la persona con discapacidad. En concreto, según contempla la

---

[207] GETE ALONSO, C., "Comentario al artículo 996 del Código Civil", *Comentarios al Código civil.* (Ana Cañizares Laso, dir.). T. (Arts. 744 a 1155), Tirant lo Blanch, Valencia, 2023, pp. 4602 y ss.

[208] Arts. 249, 269 CC.

regulación actual, cuando la medida de apoyo sea una curatela representativa, es la persona nombrada como curadora la que acepta o repudia, para lo que necesita, siempre, autorización judicial[209]. Como salvaguarda, se dispone que la autoridad judicial oirá al Ministerio Fiscal y a la persona con medidas de apoyo y recabará los informes que le sean solicitados o estime pertinentes, seguramente con la finalidad de intentar averiguar la voluntad de la persona en lo que respecta a este acto jurídico y, en su caso, que se tenga en cuenta[210].

En el caso de que la persona con discapacidad esté bajo una guarda de hecho, la norma dispone, también, que ésta puede ser representativa, si bien tiene carácter excepcional. Como su regulación hace una remisión a los casos de curatela representativa que requieren obtener autorización judicial para determinados actos, si se atiende a una interpretación literal del apartado 5º del art. 287 CC., parece que ha de incluir la aceptación de herencia sin beneficio de inventario y la repudiación que pudiera hacer quien actúe como guardador, como en el caso de la curatela[211].

Por tanto, es fundamental tener en cuenta el contenido de las medidas de apoyo y el alcance de la autonomía que se reconoce a la persona con discapacidad. En ellas se puede haber prevenido un ámbito amplio de autonomía de la persona con discapacidad o se puede haber restringido dicho ámbito, estableciendo el nombramiento de curador asistencial o representativo. En el caso de que dicha persona no pueda aceptar la herencia por sí misma, deberá hacerlo el curador que ostente facultades de representación, que podrá aceptar la herencia a beneficio de inventario sin necesidad de requisito complementario alguno, sin embargo, para el caso inverso, requerirá autorización judicial. Lo mismo sucede para repudiar la herencia.

---

209 Art. 287. 5º CC

210 Art. 290 CC.

211 Art. 287.5 CC

III. MODIFICACIONES OPERADAS POR LA LEY 8/2021 EN MATERIA DE LEGÍTIMAS

Como se ha adelantado, en materia sucesoria, la reforma del art. 808 CC, en conjunción con los arts. 813 y 822 CC ha supuesto una importante modificación en relación con el sistema de legítimas al introducir la posibilidad de que el causante en el caso de tener uno o varios hijos con discapacidad pueda gravar la legítima de los restantes legitimarios con el fin de mejorar su situación económica.

1. Reformas introducidas en el art. 808 por la Ley 8/2021

El art. 808 CC mantiene la redacción de sus tres primeros párrafos salvo un cambio terminológico en el párrafo primero que antes hacía referencia al padre y a la madre, y que ahora ha sido sustituido por el de progenitores e introduce dos párrafos nuevos que establecen que, en el caso de que alguno o varios de los legitimarios se encontraren en una situación de discapacidad, el testador podrá disponer a su favor de la legítima estricta de los demás legitimarios sin discapacidad. En tal caso, salvo disposición contraria del testador, lo así recibido por el hijo beneficiado quedará gravado con sustitución fideicomisaria de residuo a favor de los que hubieren visto afectada su legítima estricta y no podrá aquel disponer de tales bienes ni a título gratuito ni por acto mortis causa. Y, "cuando el testador hubiere hecho uso de la facultad que le concede el párrafo anterior, corresponderá al hijo que impugne el gravamen de su legítima estricta acreditar que no concurre causa que la justifique". Igualmente se sustituyen los términos "hijos o descendientes judicialmente incapacitados" por "legitimarios que se encuentren en una situación de discapacidad" en el párrafo cuarto[212].

---

212 ALVENTOSA DEL RÍO, J. "Reformas en derecho de sucesiones", *La discapacidad: una visión integral y práctica de la Ley 8/2021, de 2 de junio,* Tirant lo Blanch, Valencia, 2022.

Aunque las primeras modificaciones fueron realizadas por la Ley 41/2003, que introdujo que el testador pudiera gravar con sustitución fideicomisaria el tercio de legítima estricta designando como fiduciarios a hijos y descendientes que estuvieren judicialmente incapacitados, es la Ley 8/2021 la que hace una reforma terminológica y modificaciones de trascendencia sustantiva. Entre estas últimas, el art. 808 CC afecta a los actos de disposición por parte del causante, a la legítima de la persona con discapacidad y a la fijación de un fideicomiso de residuo sobre los bienes que le afectan.

Una vez establecidos estos criterios en los tres primeros párrafos del precepto, el siguiente introduce dos modificaciones en cada uno de sus apartados.

La primera de ellas consiste en facultar al testador para que, cuando alguno o varios de los legitimarios se encontraren en una situación de discapacidad, pueda disponer a su favor de la legítima estricta de los demás legitimarios sin discapacidad. La segunda, en que el testador pueda establecer si lo estima pertinente una sustitución fideicomisaria de residuo sobre la legítima de los legitimarios gravados.

2. Concepto de discapacidad

El concepto de discapacidad ha sufrido, a lo largo de la historia, una serie de avatares en la lucha por el reconocimiento de los derechos que tienen las personas que se encuentran en esta situación hasta alcanzar un estatus que les permita ejercitar sus derechos en igualdad respecto al resto.

Como hito fundamental en este recorrido hay que citar la Convención de Nueva York sobre los derechos de las personas con discapacidad que ha supuesto una ruptura con los criterios anteriores al adoptar una nueva percepción de la forma de entender la discapacidad a partir del reconocimiento de los derechos humanos.

Hasta la reforma operada por la Ley 8/2021, el enfoque del fenómeno fue esencialmente médico, de modo que la discapacidad, cognitiva o sensorial, se consideraba una situación patológica de la persona, con todas las consecuencias que ello conllevaba a nivel sanitario y social. Quedaba referida por tanto a la persona enferma que necesitaba cuidados y atención médica y que, en el ámbito social, no podía equipararse a los demás.

Partiendo de esa premisa, la respuesta jurídica que inicialmente ofrecieron los ordenamientos jurídicos derivaba de aquella realidad por virtud de la cual, la persona con discapacidad, especialmente en el caso de una discapacidad cognitiva, era un enfermo que no podía expresar plenamente su propia voluntad y no podía manifestar sus deseos y preferencias. Por ello, según el grado de enfermedad, era necesario que las decisiones jurídicas y, sobre todo, las que afectaban a su patrimonio, fueran tomadas por otra persona que asistía al discapacitado, cuando la enfermedad mental era leve, o lo sustituía en casos más severos. Estos instrumentos jurídicos de protección se estructuraban en atención a la limitación o privación de la capacidad de obrar. En los casos más graves se solía nombrar un tutor, que debía tomar las decisiones más trascendentes mientras que en los casos menos graves se nombraba un curador.

La Convención de Nueva York cambió radicalmente la perspectiva y no considera la discapacidad como una enfermedad, sino simplemente como una interacción entre una circunstancia personal de una persona y factores del entorno que dan lugar conjuntamente a la discapacidad y afectan a la participación de ese individuo en la sociedad. El enfoque médico y de beneficencia se sustituye totalmente por un enfoque social basado en los derechos humanos[213].

---

213 BARBA, V., "Capacidad para otorgar testamento, legitimarios y protección de la persona con discapacidad". *La Ley. Derecho de familia*, núm. 31, julio 2021; MARÍN CALERO, C., La herencia a favor de un hijo con discapacidad intelectual. Tirant lo Blanch, Valencia 2022.

El preámbulo del Convenio establece claramente, como prueba del cambio de enfoque del fenómeno, que "la discapacidad es un concepto que evoluciona y que resulta de la interacción entre las personas con deficiencias y las barreras debidas a la actitud y al entorno que evitan su participación plena y efectiva en la sociedad, en igualdad de condiciones con las demás" y que "la discriminación contra cualquier persona por razón de su discapacidad constituye una vulneración de la dignidad y el valor inherentes del ser humano". Por ello, la Convención pretende garantizar la inclusión de las personas con discapacidad, reconociendo "la importancia que para las personas con discapacidad reviste su autonomía e independencia individual, incluida la libertad de tomar sus propias decisiones" y declarando en su artículo 1.2 que: "las personas con discapacidad incluyen a aquellas que tengan deficiencias físicas, mentales, intelectuales o sensoriales a largo plazo que, al interactuar con diversas barreras, puedan impedir su participación plena y efectiva en la sociedad, en igualdad de condiciones con las demás"[214].

En el ámbito interno, este cambio ha supuesto la modificación normativa de los preceptos que regulaban la discapacidad para hacerlos acordes con los que inspiran la Convención en el correcto entendimiento del respeto y protección a los derechos humanos pasando de estar sustentados en una decisión judicial que declaraba la incapacidad a hacer depender la valoración de la discapacidad a un criterio de carácter administrativo que obliga a interponer un expediente a fin de que se declare el grado de dependencia que se le reconoce. En este sentido, a pesar del relevante carácter de la ley 8/2021 también hay que tomar en consideración una ley anterior: la Ley 41/2003 de 18

---

214 BARBA, V., "El art. 12 de la Convención sobre los derechos de las personas con discapacidad de nueva york, de 13 de diciembre de 2006", *La discapacidad: una visión integral y práctica de la Ley 8/2021, de 2 de junio,* Tirant lo Blanch, Valencia, 2022, p. 33.

de noviembre, de protección patrimonial de las personas con discapacidad y de modificación del Código Civil, de la Ley de Enjuiciamiento Civil y de la normativa tributaria con esta finalidad.

Según exige la disposición adicional 4ª en el Código Civil, la referencia a la discapacidad "se entenderá hecha al concepto definido en la Ley 4/2003 (...) y a las personas que están en situación de dependencia de grado II o III de acuerdo con la Ley 39/2006, de 14 de diciembre, de promoción de la autonomía personal y atención a las personas en situación de dependencia". En concreto, su art. 26.

En la actualidad, el Código Civil se remite a las categorías administrativas de discapacidad, exigiendo que la discapacidad psíquica sea superior al 33% o física o sensorial superior al 65%, reconocidas por resolución administrativa ex Ley 41/2003 y dependencia: declaración administrativa de dependencia severa o gran dependencia ex Ley 39/2006. No obstante, esta declaración solo tendrá repercusión sobre los efectos económicos y ayudas que se le puedan reconocer. Por tanto, sólo se pueden reputar personas con discapacidad aquellas que según los criterios establecidos por la ley son dependientes severos o grandes dependientes. Sin embargo, las que no alcancen el porcentaje del 33%, que se ubican dentro de un primer grado de dependencia, quedan excluidas. De ello se desprende igualmente que la sustitución fideicomisaria ya no requerirá que el descendiente esté "judicialmente incapacitado" o tener modificada judicialmente su capacidad de obrar, dado que ambas categorías han desaparecido con la adaptación del ordenamiento español a la Convención de derechos de las personas con discapacidad por la Ley 8/2021.

3. La legítima de las personas con discapacidad

El art. 808 CC ha supuesto la reforma más trascendente en concordancia con los arts. 782 y 813 CC, introduciendo otra fisura en el sistema de legítimas fijado en el Código Civil y, ya establecido con carácter general, en el derecho aragonés, vasco y navarro.

La reforma modifica el anterior párrafo cuarto del art. 808 CC, incluyendo dos nuevos apartados con una nueva redacción, y añadiendo un nuevo párrafo posterior. En concreto, establece que la legítima de los hijos y descendientes está constituida por las dos terceras partes del haber hereditario de los progenitores sin perjuicio de que estos podrán disponer de una parte de las dos que forman la legítima, para aplicarla como mejora a sus hijos o descendientes siendo la parte restante de libre disposición. A partir de ahí, modifica el anterior párrafo cuarto del precepto y añade un nuevo párrafo quinto, ambos destinados a regular la situación cuando entre los descendientes haya una o varias personas con discapacidad, consistente en facultar al testador para que, cuando alguno o varios de los legitimarios se encontraren en una situación de discapacidad pueda disponer a su favor de la legítima estricta de los demás legitimarios.

Esta facultad introduce otra fractura que quiebra el principio de intangibilidad cuantitativa de la legítima en cuanto permite al testador disponer de esta porción en el caso de que tenga uno o varios descendientes en situación de discapacidad. Esa fisura se abrió con la Ley 41/2003 pero ha sido la Ley 8/2024 la que le ha dado un alcance más amplio, reconocido por otra parte en algunas CCAA.

3.1. El art. 808 CC como excepción al principio de intangibilidad de la legítima

Lo dispuesto en el artículo 808 CC supone una excepción al criterio general establecido en el artículo 813[215] CC al disponer que el testador no podrá privar a los herederos de su legítima

[215] El testador no podrá privar a los herederos de su legítima sino en los casos expresamente determinados por la ley.
Tampoco podrá imponer sobre ella gravamen, ni condición, ni sustitución de ninguna especie, salvo lo dispuesto en cuanto al usufructo del viudo y lo establecido en los artículos 782 y 808.

fuera de los casos determinados por la ley, pero tampoco podrá imponer sobre ella gravamen, ni condición, ni sustitución de ninguna especie salvo lo dispuesto en los arts. 782 y 808 CC. A través de estos dos párrafos el precepto establece la intangibilidad cuantitativa y cualitativa de la legítima respectivamente.

Ello permite la constitución de una sustitución fideicomisaria de residuo sobre la legítima estricta de los legitimarios sin discapacidad, excepcionando su intangibilidad que se establece como regla general en el primer párrafo.

El sistema sucesorio del CC queda estructurado con base en un sistema de protección de los descendientes y subsidiariamente de los ascendientes más próximos, que se organiza sobre el tercio de legítima estricta, sobre el de mejora, que únicamente puede recaer sobre alguno o algunos de los herederos legitimarios y, finalmente, sobre el tercio de libre disposición, que permite al testador disponer libremente de los bienes restantes.

Dos son los tercios de la herencia que quedan especialmente protegidos frente a los actos de disposición del testador, que cuenta además con medidas específicas para reforzar su protección. En concreto, los legitimarios que vean reducido el montante de su legítima podrán ejercitar la acción de complemento de legítima o, en el caso de que el testador haya hecho donaciones en vida que rebasen su disponibilidad podrán ejercitar las acciones tendentes a reducir las donaciones por inoficiosas. Además, la legítima no podrá gravarse o someterse a condición, considerados ambos en su sentido más amplio salvo que resulte aplicable el supuesto contemplado en el art. 820.3 CC, a diferencia de lo que sucede con la mejora, que es posible gravarla en su integridad o en parte, con sustitución fideicomisaria en la que los fideicomisarios sean sólo descendientes del testador. Esta excepción es una plasmación a menor escala de lo consagrado en los arts. 823 y 824 CC, según los cuales incluso podría dejarse directamente la mejora a descendientes de los legitimarios y son posibles los gravámenes sobre la mejora a favor de los nietos viviendo los padres.

3.2. Excepciones previstas por la ley

El artículo 813.2 CC contiene tres excepciones a la intangibilidad cualitativa de la legítima. La primera de ellas la constituye el usufructo legal del cónyuge viudo, al que se refieren los artículos 834 y ss. CC, derecho legitimario del que goza el cónyuge sobreviviente que concurra a la sucesión con otros legitimarios. En segundo lugar, la regla general de prohibición de imposición de gravamen sobre la legítima se ve excepcionada por la posibilidad que brinda el artículo 782 CC de gravar el tercio de mejora mediante una sustitución fideicomisaria establecida en favor de hijos del testador que se encuentren en una situación de discapacidad, siendo fideicomisarios otros descendientes. Por último, el artículo 808 CC permite al testador establecer una sustitución fideicomisaria de residuo sobre la legítima estricta en la que sean fiduciarios los legitimarios con discapacidad y fideicomisarios los restantes legitimarios sin discapacidad. Desde una óptica conjunta, todas estas excepciones, junto con otras, como la prevista en el artículo 1056.2 CC, permiten apreciar una cierta flexibilización del sistema de legítimas. Flexibilización que, a la vista de las últimas modificaciones del Código Civil —como la operada por la citada Ley 8/2021—, es cada vez mayor[216].

4. Fijación de la legítima

Como establece el art. 806 CC, legítima es la porción de bienes de la que el testador no puede disponer por haberla reservado la ley a determinados herederos, llamados por eso herederos forzosos.

Su cálculo se hará atendiendo a lo dispuesto en el art. 818 CC según el cual "se atenderá al valor de los bienes que quedaren a la

---

216 ROJANO MARTÍN, N., "Comentario al artículo 813 del Código Civil", *Comentarios al Código Civil.* (Ana Cañizares Laso, dir.). T. (Arts. 744 a 1155), Tirant lo Blanch 2023, pp. 3948 y ss.

muerte del testador, con deducción de las deudas y cargas, sin comprender en ellas las impuestas en el testamento. Al valor líquido de los bienes hereditarios se agregará el de la donaciones colacionables".

A diferencia del heredero, el legitimario no tiene una cuota de herencia ya que para calcularla hay que formar un patrimonio distinto del hereditario, constituido, además de por los bienes que deje el testador, por los que haya donado en vida, sin perjuicio de que pueda concurrir en una misma persona ambas condiciones.

Según el art. 818 CC, para fijar la legítima se atenderá al valor de los bienes que quedaren a la muerte del causante, con deducción de las deudas y cargas hereditarias, sin comprender entre ellas las impuestas en el testamento. Al valor líquido de los bienes hereditarios se agregará el de las donaciones colacionables y, al así obtenido, se le restarán las deudas y cargas hereditarias, sin comprender las impuestas en el testamento, resultante de lo cual, se obtendrá el relictum, al que debe añadirse el importe de las donaciones colacionables.

Finalizadas las prácticas contables, el legitimario ya tiene un quantum que ha de percibir en bienes de la herencia en el momento de la partición. El heredero forzoso a quien el testador haya dejado por cualquier título menos de la legítima que le corresponda, podrá pedir su complementación.

5. Los legitimarios del testador

Los cambios introducidos por la Ley 8/2021 comienzan reflejados en el ámbito subjetivo del art. 808 CC, que limita su aplicación a los hijos, en lugar de referirse, con carácter genérico, a los descendientes, como hacía anteriormente.

Esta afirmación se fundamenta en un análisis concordado del primer apartado del párrafo 4° con el segundo del art. 808 CC, poniéndolo a su vez en relación con el art. 782 CC.

Partiendo del primero de estos preceptos, el párrafo 4° del art. 808 CC establece una redacción confusa porque, leídos los dos apartados de dicho párrafo por separado, permite interpretar que el segundo de ellos contempla un ámbito de aplicación subjetivo más restrictivo. Efectivamente, como se desprende de su tenor literal, el primer apartado se extiende a todos los legitimarios, que pueden ser tanto los hijos como los descendientes, como determina el art. 807.1 CC, mientras que, a continuación, el segundo de ellos se refiere únicamente al legitimario con discapacidad, en consonancia con la modificación realizada en el art. 782 CC, que limita el gravamen de la legítima a favor únicamente de los hijos con discapacidad.

Sabido es que la legítima puede recaer en los hijos o descendientes del causante, pero, esta segunda propuesta estaría limitando el ámbito subjetivo del sistema de legítimas pues, mientras su primer apartado permite interpretar que la referencia a los legitimarios incluye también a los nietos del causante, su siguiente párrafo excluye a estos últimos al concretar que, en ese caso y, salvo disposición contraria del testador, lo así recibido por el hijo beneficiado quedará gravado con sustitución fideicomisaria de residuo a favor de los que hubieren visto afectada su legítima estricta y no podrá aquel disponer de tales bienes ni a título gratuito ni por acto mortis causa.

Al hacer este precepto mención a la sustitución fideicomisaria debe además ponerse en relación con el art. 782 CC, que establece que las sustituciones fideicomisarias nunca podrán gravar la legítima, salvo cuando se establezcan, en los términos establecidos en el artículo 808 CC, en beneficio de uno o varios hijos del testador que se encuentren en una situación de discapacidad.

El tenor literal de ambas disposiciones no permite en consecuencia obtener una opinión clara sobre si afecta solo a los hijos con discapacidad o también los nietos pudieran quedar incluidos. Mientras del art. 808 CC parecería deducirse la posibilidad de establecer el gravamen a favor de cualquier legitimario descendiente, el art. 782 CC se refiere exclusivamente a los hijos. Una interpretación partidaria de este último criterio queda avalada por la evolución que han sufrido ambas disposiciones, que anteriormente incluían a ambos descendientes, a lo que se sumarían los criterios expuestos durante la tramitación parlamentaria, favorable a una utilización restrictiva del término, justificada en el deseo de querer evitar la posible concurrencia de diversas generaciones de legitimarios, que haría ilusoria la percepción de la legítima por los legitimarios que resultaran gravados si tuvieran que concurrir con fiduciarios de una generación más joven que la suya propia[217].

Paradójicamente sin embargo, aunque los descendientes de los hijos hayan quedado excluidos simultáneamente ha supuesto una ampliación a sujetos que no quedaban incluidos con anterioridad a la reforma, establecida sobre el presupuesto de la declaración judicial de incapacidad, y exigir ahora únicamente que se cumplimenten los presupuestos administrativos recogidos en el art. 2 de la Ley 41/2003[218], posibilitando que actualmente puedan concurrir personas que se vean afectadas por cualquier tipo de discapacidad física o sensorial.

Como se ha anticipado, no hay mención acerca de qué sucedería si fuesen varios los legitimarios con discapacidad. En principio, la dicción literal permite interpretar que el testador debe tener libertad para beneficiar a aquel que entienda que se encuentra en una mayor situación menesterosa. No obstante, no deja de ser una mera valoración. En primer lugar, porque la imposición del fideicomiso de residuo queda a la voluntad del testador y,

---

217 ESPEJO LERDO DE TEJADA, M., "Comentario al artículo 808 del Código Civil", op. cit. pp. 3917 y ss.

218 Acreditar mediante certificado presentar una discapacidad psíquica igual o superior al 33 por ciento; o una discapacidad física o sensorial igual o superior al 65 por ciento; y también a las personas que están en situación de dependencia de grado II o III de acuerdo con la Ley 39/2006, de 14 de diciembre, de promoción de la autonomía personal y atención a las personas en situación de dependencia.

en segundo lugar, porque no dejan de ser meras presunciones ante el silencio sobre estas cuestiones, que permite barajar otras opciones que, aunque improbables, pudieran presentarse[219]. La única limitación en cualquier caso es no dañar la legítima de los restantes legitimarios con discapacidad. Por ello, algún autor ha sugerido la conveniencia de realizar un llamamiento conjunto de estos legitimarios que limitaría las facultades dispositivas del testador[220]. No obstante, esta medida solo podría adoptase en aquellos casos en que todos los legitimarios gozasen del mismo grado de discapacidad y situación económica porque de lo contrario se estaría perjudicando a alguno de ellos.

6. El gravamen de la legítima con sustitución fideicomisaria

La norma del art. 808 CC debe considerarse especial frente a la del art. 782 CC. El testador puede gravar la legítima con una sustitución fideicomisaria de residuo disponiendo una sustitución a favor de sus descendientes respecto de la porción obligatoria y a favor de otras personas respecto de la mejora.

De acuerdo con el principio de la intangibilidad cualitativa de la legítima[221], no es lícito instituir al legitimario tan sólo como fiduciario en lo que por legítima estricta le correspondería con gravamen de restitución a tercero. El reconocimiento legitimario debe ser pleno, sin imponer sobre la cuota legal "sustitución de ninguna especie". Por lo tanto, la taxativa expresión del art.

---

219 Estas posibilidades las contempla DE AMUNÁTEGUI RODRÍGUEZ, C., "Treinta y nueve. Se suprime el tercer párrafo del artículo 808, pasando el actual cuarto párrafo a ocupar el tercer lugar, y se añaden a continuación dos nuevos párrafos", op. cit.

220 DOMÍNGUEZ LUELMO, A., "La reforma del Derecho", cit., p. 405.

221 Arts. 806, 813.2, 815 y 817 CC.

782 CC afecta tanto a la sustitución fideicomisaria con deber de conservar como al fideicomiso de residuo[222].

Esta regla tiene dos excepciones: una tradicional y general, por la que se permite gravar el tercio destinado a mejora de los hijos o descendientes instituidos fiduciarios a favor de fideicomisarios que sean "descendientes" del testador y, otra novedosa y específica en la que los fiduciarios sean "hijos" en situación de discapacidad, de manera que se puede instituirlos también en la entera legítima estricta, con sustitución fideicomisaria de residuo en la que los fideicomisarios serían los colegitimarios sin discapacidad. Este último mecanismo se introdujo en los arts. 782, 808 y 813 CC mediante la reforma operada por la Ley 41/2003, de 18 de noviembre de protección patrimonial de las personas con discapacidad y ha sido modificado en aspectos esenciales por la Ley 8/2021, de 2 de junio, por la que se reforma la legislación civil y procesal para el apoyo a las personas con discapacidad en el ejercicio de su capacidad jurídica.

7. El fideicomiso de residuo

7.1. Antecedentes

La naturaleza de la sustitución fideicomisaria sobre la legítima estricta de los legitimarios sin discapacidad también ha cambiado tras la reforma de 2021 o, cuando menos, se han aclarado en parte las facultades dispositivas del heredero fiduciario en situación de discapacidad.

De acuerdo con la remisión del art. 782 al art. 808, el testador puede configurar el gravamen como una "sustitución fideicomisaria de residuo". Anteriormente en la ley 41/2003 solo se permitía al testador establecer un fideicomiso a favor de los

---

222 STS 26 de noviembre 1968, [Tol 4276828]).

descendientes con discapacidad en el que los fiduciarios fueran éstos y los fiduciantes los legitimarios afectados.

La finalidad de la reforma en el ámbito sucesorio es favorecer al hijo con discapacidad con el mayor alcance posible. Para ello se ha adoptado una medida, consistente en gravar la legítima de todos los legitimarios que no se encuentren en situación de discapacidad y establecer una sustitución fideicomisaria de residuo.

Es la primera vez que el Código Civil menciona esta modalidad, hasta ahora fundada por vía jurisprudencial en el art. 783 CC, que también permite que el testador configure la sustitución como fideicomisaria ordinaria o normal, y no de residuo.

Este gravamen supone que, al fallecer el fiduciario, toda la cuota de legítima estricta irá a parar a sus colegitimarios, sin que sus herederos retengan la parte de la legítima estricta que correspondía al legitimario con discapacidad beneficiado en vida con el fideicomiso de residuo, dado que éste no podrá disponer de tales bienes por acto mortis causa y no se ha establecido un precepto equivalente al art. 777 CC, que establece que las sustituciones, cuando el sustituido tenga herederos forzosos, sólo serán válidas en cuanto no perjudiquen los derechos legitimarios de éstos[223].

Lejos sin embargo de ser una figura que haya contado con el beneplácito de la doctrina, esta se ha limitado a criticar la supresión de la sustitución fideicomisaria y mostrar extrañeza ante dicha elección.

7.2. Su formulación en el art. 808 CC

El art. 808 CC se estructura en cinco párrafos. El primero de ellos comienza fijando las partes en que hay que dividir el

---

[223] CÁMARA LAPUENTE, S., "Comentario al artículo 782 del Código Civil", *Comentarios al Código Civil.* (Ana Cañizares Laso, dir.). T. (Arts. 744 a 1155), Tirant lo Blanch 2023, p. 3812.

caudal hereditario, compuesto por legítima, mejora y tercio de disposición, estableciendo al respecto que constituyen la legítima de los hijos y descendientes las dos terceras partes del haber hereditario de los progenitores. Sin embargo, podrán estos disponer de una parte de las dos que forman la legítima, para aplicarla como mejora a sus hijos o descendientes. La tercera parte restante será de libre disposición.

En el caso de que alguno o varios de los legitimarios se encontraren en una situación de discapacidad, el testador podrá disponer a su favor de la legítima estricta de los demás legitimarios sin discapacidad. En tal circunstancia, salvo disposición contraria del mismo, lo así recibido por el hijo beneficiado quedará gravado con sustitución fideicomisaria de residuo a favor de los que hubieren visto afectada su legítima estricta y no podrá aquel disponer de tales bienes ni a título gratuito ni por acto mortis causa.

El gravamen de la legítima en los casos de legitimarios en situación de discapacidad fue introducido en el art. 808 CC de la Ley 41/2003 de 18 de noviembre de Protección Patrimonial de las Personas con Discapacidad, con la novedad de que el testador pudiera gravar con sustitución fideicomisaria el tercio de legítima estricta, designando entonces como fiduciarios a hijos y descendientes que estuvieran incapacitados judicialmente, integrando una de las excepciones del art. 813 CC.

Inicialmente, como señalaba la exposición de motivos de la primera norma, su finalidad se basó en regular nuevos mecanismos de protección de las personas con discapacidad, centrados en un aspecto esencial de esta protección, cual es el patrimonial, por entender que uno los elementos que más repercuten en el bienestar de las personas con discapacidad es la existencia de medios económicos a su disposición.

Dicha facultad ha pasado a estar modificada en la actual reforma del CC por la Ley 8/2021, de 2 de junio, por la que se reforma la legislación civil y procesal para el apoyo a las personas con discapacidad en el ejercicio de su capacidad jurídica pero, sin embargo, como también expresa la exposición de motivos de la Ley 8/2021, esta es la más extensa y de mayor calado, pues sienta las bases del nuevo sistema basado en el respeto a la voluntad y las preferencias de la persona con discapacidad, el cual informa toda la norma y se extrapola a través de las demás modificaciones legales al resto de la legislación civil y la procesal y, pretende ofrecer una solución al testador cuando tenga uno o varios legitimarios con discapacidad facilitándole que pueda disponer de sus bienes de la forma más acorde a su situación.

El párrafo tercero del art. 808 CC establece de manera específica que el testador podrá disponer del tercio de legítima de los restantes legitimarios. El alcance de dicha facultad queda referido en términos tan amplios que no admite contemplar ningún tipo de limitación. Es más, en este caso, a diferencia de lo determinado en la ley 41/2003, el legislador, pudiendo hacerlo, no ha incluido la facultad de gravar, sino que ha preferido optar por este término más amplio[224].

7.3. Problemas de delimitación

Llama poderosamente la atención que tan amplia facultad no vaya acompañada de más explicaciones que sirvan para clarificar cuáles son presupuestos sobre los que el testador debería basar su decisión, así como, las circunstancias en que podría hacerlo, máxime cuando se trata de gravar la legítima que debería requerir unas especiales medidas de protección. Paradójicamente, no hay pronunciamiento sobre ninguna de estas dos cuestiones

---

224 BOTELLO HERMOSA, P., "El nuevo artículo 808 del Código Civil y la posibilidad del testador de disponer de la legítima en favor de las personas con discapacidad", op. cit. pp. 495 y ss.; "Motivos jurídicos para cuestionarnos si el testador puede dejarle toda la legítima estricta a un descendiente legitimario con discapacidad", *Revista de Derecho UNED,* núm. 33, 2024, pp. 77-109.

porque el precepto se limita a establecer que se trata de un fideicomiso de residuo, pero nada indica respecto al régimen que debe acompañar la distribución y conservación de esos bienes, ni de su régimen de responsabilidad.

Como las condiciones de su ejercicio no han sido establecidas, han sido varias las opiniones que se han pronunciado al respecto, oscilando desde las más permisivas a las de carácter más restrictivo. Se ha entendido así que, una interpretación literal permite mantener que el testador sólo podrá hacerlo cuando el legitimario con discapacidad no disponga de medios con los que hacer frente a su situación y solo tras acreditar su situación de necesidad, apoyándose en el último párrafo del precepto que delimita dicha atribución a que el legitimario afectado no impugne y demuestre que no concurren las circunstancias alegadas. Otros autores entienden por el contrario que es una facultad que el testador puede realizar cuando lo considere pertinente para proteger mejor a su descendiente teniendo la única limitación de gravar dicha parte de legítima[225].

En la misma línea, también omite el precepto cualquier referencia al modo de proceder del testador. En concreto, si el testador debe con carácter previo a la imposición de dicho gravamen haber dejado toda la herencia a su hijo. Esta duda es razonable puesto que, como señala Amunátegui[226], la realidad práctica pone de manifiesto que no siempre el testador deja su herencia concretada y repartida en atención a los tercios previstos por la ley siendo usual que, a lo largo de su vida, haga donaciones o deje algún bien a alguno de sus hijos, parientes... En este caso,

---

225 MARTÍN SANTISTEBAN, S., "Reforma civil en materia testamentaria para el apoyo a personas con discapacidad", *Revista de Derecho Patrimonial*, núm. 57, enero-abril 2022.

226 DE AMUNÁTEGUI RODRÍGUEZ, C., "Treinta y nueve. Se suprime el tercer párrafo del artículo 808, pasando el actual cuarto párrafo a ocupar el tercer lugar, y se añaden a continuación dos nuevos párrafos", ibidem.

habrá que ajustar previamente los actos de disposición realizados y traer a la masa de la herencia los actos colacionables... adaptando su realidad testamentaria a su voluntad.

Inicialmente se sostuvo que el testador podría recurrir a disponer de la legítima de los restantes legitimarios solo cuando no pudiese proteger de otra forma a su hijo porque previamente ya le hubiese atribuido la mejora y el tercio de libre disposición; es decir, actuaría de manera complementaria. Se ha argüido, sin embargo, que obligar al testador a entregarle previamente la mejora y el tercio de libre disposición iría en contra del principio de libre disponibilidad de este último además de que supondría restarle instrumentos para beneficiar a los descendientes con discapacidad, que ahora quedan excluidos del precepto o incluso a los hijos que no alcancen el grado de discapacidad del 33% establecido en la Ley de autonomía personal y dependencia[227].

Ambos razonamientos no están exentos de razón. El art. 808.4 CC no subordina este gravamen a que también se haya dispuesto de la mejora y del tercio de libre disposición a favor del fiduciario[228] pero dada la función de la legítima es lógico que se quiera proteger más que otras atribuciones, aunque no se puede olvidar que al mismo tiempo también corresponde respetar la libertad del testador en el tercio de libre disponibilidad. De lo único de lo que no cabe duda es de que, en caso de no tratarse a los legitimarios sin discapacidad por igual, por ejemplo, atribuyendo a un sucesor forzoso en exclusiva la mejora, la parte libre, o recibiendo donaciones que cubran más de su legítima, se podría reducir por infracción de la igualdad cuantitativa, al

227 CABEZUELO ARENAS, A. L., "El fideicomiso de residuo del art. 808.IV CC: Cambio de condiciones subjetivas del fiduciario", *Revista Aranzadi Doctrinal* 2021, núm. 8.

228 CABEZUELO ARENAS, A. L., "El fideicomiso de residuo del art. 808. IV CC: Cambio de condiciones subjetivas del fiduciario" ibidem.

recibir los otros legitimarios tan solo una legítima gravada en relación con quien reciba más de lo que le corresponda[229].

Las dos argumentaciones podrían apoyarse ante la imprecisión y falta de previsión del precepto. Parece que el legislador ha actuado motivado por dos razones que son las que han guiado sus actuaciones: barajar el mayor número de medidas para beneficiar a los hijos con discapacidad y proteger las legítimas de los restantes legitimarios. En este sentido, como explica acertadamente Espejo[230], la Ley ha partido de que la institución de las legítimas puede suponer un freno para beneficiar al descendiente legitimario que se encuentra en una situación personal que le puede acarrear especiales dificultades vitales y, para remediarlo, la Ley ha ampliado la libertad dispositiva del causante, de forma que, si el testador decide proteger al legitimario con discapacidad, las legítimas no le supongan una traba más que en dos aspectos: el necesario usufructo vidual legal, por un lado; y, por otro, la condición de fideicomisarios o segundos llamados de los demás legitimarios en la cuantía de su legítima estricta. Fuera de estos dos límites, todos los bienes podrán corresponder al legitimario con discapacidad. Concluye este autor entendiendo que, el legislador deja en manos del causante el uso adecuado de esta mayor libertad dispositiva diseñada en la norma, pero no garantiza con ninguna regla expresa una mejoría efectiva de la posición del legitimario con discapacidad, que compense el menoscabo de los demás le-

229 BERNAD MAINAR. B., "Incidencia de la ley 8/2021, sobre las personas con discapacidad, en algunos aspectos del derecho de sucesiones: porción legítima, aceptación y repudiación de herencia, colación y partición", op. cit, p. 252.

230 ESPEJO LERDO DE TEJADA, M., "Comentario al artículo 808 del Código Civil", *Comentarios al Código Civil.* (Ana Cañizares Laso, dir.). T. (Arts. 744 a 1155), Tirant lo Blanch 2023, pp. 3917 y ss.

gitimarios[231]. Esta misma opinión es compartida por Domínguez Luelmo[232], en contra del criterio seguido por Amunátegui[233].

Asimismo, la confusa redacción del precepto obliga a cuestionar si el testador debe disponer de la legítima de los restantes legitimarios por igual o si puede hacerlo solo de alguno de ellos. Esta duda la suscita la propia redacción del precepto cuando expresa que lo así recibido por el hijo beneficiado quedará gravado con sustitución fideicomisaria de residuo a favor de los que hubieren visto afectada su legítima estricta pues permite interpretar que el testador ha elegido entre los legitimarios. De ser afirmativa la respuesta, cabría igualmente preguntarse sobre quiénes habría que constituir un fideicomiso de residuo: si a favor de los restantes legitimarios o solo de aquellos que hubiesen resultado gravados. Situación que plantearía averiguar si debe haber un criterio para establecer un orden de preferencia en la designación[234].

Una vez más, hay argumentos que permiten sostener ambos criterios pero, aunque una interpretación restrictiva de su tenor literal permitiría defender que el testador puede disponer sólo de la legítima de algunos legitimarios, parece preferible sostener que todos los colegitimarios deben quedar gravados por igual en su legítima estricta en beneficio de la persona con discapacidad, sin poder el testador excepcionar a ninguno, basándose en la

---

231 ESPEJO LERDO DE TEJADA, M., "Comentario al artículo 808 del Código Civil", ibidem.

232 DOMÍNGUEZ LUELMO, A., "La reforma del derecho de sucesiones en la ley 8/2021: derecho sustantivo y derecho transitorio", *El nuevo derecho de las capacidades*, Wolters Kluwer, Madrid, 2022, p. 406.

233 DE AMUNÁTEGUI RODRÍGUEZ, C., "Treinta y nueve. Se suprime el tercer párrafo del artículo 808, pasando el actual cuarto párrafo a ocupar el tercer lugar, y se añaden a continuación dos nuevos párrafos", op. cit.

234 ESPEJO LERDO DE TEJADA, M., "Comentario al artículo 808 del Código Civil", op. cit. pp. 3917 y ss.

teleología de la reforma y en la defensa igualitaria de la legítima estricta que mantiene el Código Civil desde su promulgación[235].

Por último, nada se indica acerca de si el testador tiene uno o varios legitimarios con discapacidad designados como fiduciarios. Plantea Amunátegui si cuando son varios los descendientes con discapacidad se daría el derecho de acrecer toda vez que este opera de forma distinta en función del tercio de la herencia afectado[236]. Al respecto Domínguez[237] admite que pueda producirse si el testador lo establece de manera voluntaria aplicando unos principios similares a los utilizados para admitir el acrecimiento en la mejora.

7.4. Rasgos característicos

Como explica la STS 6 junio 2014[238], la esencia del fideicomiso (rectius, sustitución fideicomisaria) es el ordo sucessivus, el nombramiento de un preheredero (el fiduciario) y, sucesivamente, de un postheredero (el fideicomisario) pero en el residuo, el fiduciario tiene poder de disposición sobre los bienes fideicomitidos, en la medida que haya ordenado el testador fideicomitente. Comprende los actos inter vivos y a título oneroso (a título gratuito, o mortis causa, sin embargo, lo que no disponga (si quid supererit) se transmite directamente al heredero fideicomisario.

---

[235] CÁMARA LAPUENTE, S., "Comentario al artículo 782 del Código Civil", *Comentarios al Código Civil.* (Ana Cañizares Laso, dir.). T. III, (Arts. 744 a 1155), Tirant lo Blanch 2023, p. 3812.

[236] Art. 985 CC. DE AMUNÁTEGUI RODRÍGUEZ, C., "Treinta y nueve. Se suprime el tercer párrafo del artículo 808, pasando el actual cuarto párrafo a ocupar el tercer lugar, y se añaden a continuación dos nuevos párrafos", op. cit.

[237] DOMÍNGUEZ LUELMO, A., "La reforma del derecho de sucesiones en la ley 8/2021: derecho sustantivo y derecho transitorio", op. cit., p. 406.

[238] TOL4.388.664 13 marzo 1989, 13 mayo 2010. RDGRN 27 octubre 2004.

En cuanto a su naturaleza y modalidades, el fideicomiso de residuo es una sustitución fideicomisaria con unos rasgos distintivos propios, que, aunque mantiene lo que se suele considerar como esencial a la naturaleza jurídica de toda sustitución fideicomisaria, cual es el llamamiento múltiple, su deber de conservar los bienes fideicomitidos puede adquirir diversas modalizaciones a la vista de las facultades dispositivas, más o menos amplias, que haya conferido el testador. A tal efecto, tradicionalmente se ha venido considerando que la mayor o menor amplitud de la facultad de disposición concedida al fiduciario da lugar a la aparición del fideicomiso «si aliquid supererit» («si queda algo») y del fideicomiso o «de eo quod supererit» («de lo que deba quedar»). En el primero, se exime totalmente al fiduciario del deber de conservación, de tal forma que se le concede la facultad de disposición de los bienes de la herencia, de suerte que el fideicomisario sólo podrá enajenar o gravar aquellos bienes hereditarios de los que el fiduciario, pudiendo disponer, no haya dispuesto. Mediante el segundo. se exime del deber de conservación de los bienes hereditarios al fiduciario únicamente respecto de parte de la herencia, de modo que el fideicomisario tendrá derecho a todo lo que quede de la parte disponible de la herencia, si quedase alguna parte, y a la íntegra parte de la herencia que por expresa voluntad del testador debía conservarse para entregárselo a aquel.

La STS de 30 de octubre de 2012[239], atendiendo al desenvolvimiento jurisprudencial de la figura describe su caracterización según los siguientes criterios:

«A) En primer lugar debe señalarse que el fideicomiso de residuo se integra en la estructura y unidad del fenómeno sucesorio como una proyección de la centralidad y generalidad que presenta la institución de heredero. Quiere decirse con ello, entre otras

---

239 TOL3.060.021. SSTS de 13 de diciembre de 1974, 25 de abril de 1983, 22 de julio de 1994 y 29 de diciembre de 1997.

cosas, que el llamamiento a los herederos fideicomisarios no es condicional, sino cierto desde la muerte del testador; resultando más o menos incierto el caudal o cuantía a heredar, según la modalidad del fideicomiso dispuesto. El fideicomisario, según el «ordo sucessivus», o llamamientos a sucesivos herederos como nota común y esencial en toda sustitución, trae directamente causa del fideicomitente o testador, pues el fiduciario, a estos efectos, no transmite derecho sucesorio alguno que no estuviere ya en la esfera hereditaria del fideicomisario (artículo 784 del Código Civil).

B) En segundo lugar también debe señalarse que, aunque pueda aceptarse que la obligación de conservar los bienes hereditarios resulte una nota natural y no esencial al instituto, lo es sin detrimento de su valor conceptual y analítico, esto es, respecto de lo incierto del residuo en sí mismo considerado. Quiere decirse con ello, entre otras cosas, que aunque el heredero fiduciario venga autorizado con las más amplias facultades de disposición, ya a título gratuito, o bien mortis causa, no por ello deja de tener sentido conceptual la obligación de conservar en lo posible, y conforme al objeto del fideicomiso, los bienes hereditarios en orden al heredero fideicomisario; todo ello de acuerdo a los parámetros de las exigencias de la buena fe en el ejercicio de los derechos, o de la sanción derivada del abuso del derecho o de su ejercicio fraudulento. De esta forma se comprende mejor el juego conceptual de los artículos 781 y 783 del Código Civil. Así, por ejemplo, dentro de la previsión testamentaria, la facultad de disponer deberá entenderse restrictivamente conforme a la finalidad de conservación que informa al fideicomiso de residuo. En parecidos términos de lógica jurídica los límites, ya testamentarios o generales, al ejercicio de estas facultades de disposición también determinarán la carga de la prueba, según la mayor o menor amplitud de las facultades concedidas. Así, por ejemplo, y dentro siempre de la previsión testamentaria, en los supuestos en que el heredero fiduciario venga autorizado con las más amplias facultades de disposición, la posible impugnación de la transmisión efectuada correrá a cargo del fideicomisario que deberá probar que, fuera del objeto del fideicomiso, el fiduciario vació el contenido del mismo actuando de mala fe o de forma fraudulenta o abusiva...».

También, las diferencias existentes con las facultades de disposición de la sustitución fideicomisaria y sus características son señaladas en la RDGSJFP 29 julio 2024[240] cuando indica:

"El artículo 781 del Código Civil no define la sustitución fideicomisaria, sino que establece los límites a aquellos supuestos en los que el fiduciario tiene la obligación de conservar los bienes –«(...) serán válidas siempre que no pasen (...)»–. Por su parte, el artículo 783 permite que tal obligación pueda ser modalizada por voluntad del instituyente: «(...) salvo el caso en que el testador haya dispuesto otra cosa». Por tanto, lo que constituye la esencia de la sustitución fideicomisaria es la existencia del llamamiento sucesivo, lo que lleva a admitir que caben dos modalidades, la normal con obligación de conservar, y la de residuo, en la que con mayor o menor amplitud se conceden al primer llamado facultades de disposición sobre los bienes.

Así, ha puesto de relieve esta Dirección General que en los fideicomisos de residuo lo condicional no es el llamamiento en sí, sino su contenido, es decir, no se condiciona la cualidad sino el «quantum» de la misma. Está expresamente admitido que las facultades de disposición pueden ejercitarse a título gratuito y también «mortis causa», si bien es preciso que sean atribuidas de manera expresa. Por tanto, en la sustitución fideicomisaria de residuo el fideicomisario es heredero desde la muerte del causante fideicomitente, pero el contenido de la herencia será mayor o menor en función de los actos dispositivos del fiduciario. El fideicomisario, aunque solo tenga una expectativa, es heredero. En el fideicomiso de residuo hay cierta condicionalidad, pero no en el llamamiento, que es puro –de forma que el fideicomisario ad-

240 JUR\2024\397086. Anteriormente RRDGRN 2 julio 2020, (RJ 2020/3030), 27 octubre 2004 y 17 septiembre 2003.

quiere su derecho desde la muerte del causante y lo transmite a sus herederos– sino en el «quantum» de lo que se recibirá.

… 3. Por tanto, al tratarse de un fideicomiso de residuo, conviene recordar la doctrina de esta Dirección General a que se refiere la Resolución de 9 de junio de 2015 (reiterada en otras citadas en los «Vistos» de la presente como las de 16 de julio de 2015, 19 de diciembre de 2019 y 2 de julio de 2020) en los siguientes términos:

«No debe sorprender que, habida cuenta de las dificultades que toda definición jurídica comporta (baste recordar que, como afirmara Javoleno en sus "Epistulae" –D.50.17.202–, "omnis definitio in iure civile periculosa est; parum es enim, ut non subverti possit"), el Código Civil ofrezca, más que una definición, una aproximación al concepto de sustituciones fideicomisarias, al referirse a ellas en el artículo 781 descriptivamente respecto de uno de los elementos que es considerado como natural y no esencial de dicha institución jurídica (la obligación de que el heredero "conserve y transmita a un tercero el todo o parte de la herencia").

En efecto, frente a la sustitución fideicomisaria ordinaria, en el denominado fideicomiso de residuo se faculta al primer llamado para disponer de los bienes hereditarios o fideicomitidos, por lo que la posición del fideicomisario queda en términos materiales notoriamente disminuida, siendo especialmente ilustrativas de las siguientes afirmaciones contenidas en la Resolución de este Centro Directivo de 17 de septiembre de 2003: "(...) hay un primer llamamiento pleno, total, e ilimitado en vida del beneficiario; el primer llamado es un heredero completo en el tiempo y en las facultades que adquiere, con una sola restricción que operará después de su muerte; la herencia fideicomitida (o el patrimonio fideicomitido ya liquidado, si se aceptó a beneficio de inventario) se integra plenamente en el patrimonio del primer llamado y pasa a responder de las deudas de este como los demás bienes que integran hasta ese momento dicho patrimonio, sin ninguna relación de preferencia entre unos y otros, y esta responsabilidad persiste al fallecimiento de ese primer llamado; el llamamiento al residuo en modo alguno limita en vida las facultades del primer llamado, que es dueño pleno y con plenas facultades de disposición ínter vivos. Ese llamamiento al residuo lo único que implica es que una vez fallecido el primer llamado y liquidadas sus deudas, los bienes que procedan del fideicomitente, quedan sustraídos a la ley que regulará la sucesión del primer llamado, y seguirán el orden sucesorio predeterminado por el fideicomitente".

...

En la doctrina de esta Dirección General (vid. Resoluciones de 9 de junio de 2015, 28 de enero de 2020 y 6 de septiembre de 2022, entre otras) se interpreta en numerosas ocasiones el alcance de la figura de la sustitución fideicomisaria de residuo, para determinar si estaban incluidas o no por defecto las facultades dispositivas a título oneroso o gratuito «inter vivos» o «mortis causa». Así, se ha afirmado por esta Centro Directivo que, si no se le faculta expresamente en el testamento al heredero fiduciario, este no tiene facultades de disposición a título gratuito, ni por tanto mortis causa; que no se puede considerar como sustitución preventiva de residuo una disposición testamentaria en la que se otorgan al fiduciario facultades dispositivas de los bienes a título oneroso e inter vivos, sin atribución de facultades de disposición mortis causa; y se añade que el poder de disposición que tiene el fiduciario en el fideicomiso de residuo no comprende los actos dispositivos a título gratuito salvo que tal posibilidad se haya previsto expresamente por el fideicomitente.

Conforme a esta doctrina –«la facultad de disponer deberá entenderse restrictivamente conforme a la finalidad de conservación que informa al fideicomiso de residuo»–, a falta de otra expresión, se interpreta que las facultades de disposición del fiduciario de residuo se refieren a los actos a título oneroso e inter vivos, de modo que para considerar que incluye actos a título gratuito o mortis causa, se exige expresa autorización para el ejercicio de esas facultades en tales términos. Así, la Resolución de este Centro Directivo de 19 de diciembre de 2019, pone de relieve que «está expresamente admitido que las facultades de disposición pueden ser a título gratuito y también mortis causa si bien es preciso que sean atribuidas de manera expresa».

Por consiguiente, lo que diferencia al fideicomiso de residuo de la sustitución fideicomisaria ordinaria es la indeterminación sobre los bienes que el fideicomisario va a recibir pues dependerá de las facultades dispositivas de que disfrute el fiduciario y del ejercicio que haga de estas pues podría ser posible que tras su disposición patrimonial el resto de los legitimarios no recibieran nada o simplemente recibieran lo que el legitimario con discapacidad no hubiera enajenado o el bien equivalente de la enajenación o su sobrante por medio de subrogación real. Esta presunción sólo puede ser desvirtuada por disposición expresa del testador convirtiendo la sustitución en ordinaria[241].

Las diferencias existentes en la actualidad se centran, en primer lugar, en que permite al testador disponer de la legítima de los restantes legitimarios mientras que anteriormente sólo se le permitía la constitución de una sustitución fideicomisaria ordinaria; en segundo lugar, gravar dicha porción de legítima con un fideicomiso de residuo y, en tercer lugar, en la prohibición al fiduciario de disponer de tales bienes a título gratuito o por actos mortis causa.

El testador podrá imponer esta sustitución fideicomisaria de residuo, salvo disposición contraria, lo que faculta al propio causante de la sucesión a constituir una sustitución diferente a favor de los hijos con discapacidad. Podrá así, establecer medidas de mayor o menor alcance, limitar o ampliar las facultades de disposición de los bienes del descendiente con discapacidad, precisar el tipo de fideicomiso de residuo o, lo que es esencial,

---

241 DELGADO SÁEZ, J., "Protección de la persona con discapacidad a través del fideicomiso de residuo", *Actualidad Jurídica Iberoamericana*, núm. 20 bis, junio 2024, pp. 430-449.

excluir esta opción. No es por tanto el único instrumento con el que cuenta el legislador. Más bien al contrario, actúa con carácter subsidiario en aquellos casos en los que el testador no haya establecido ninguna medida expresa.

La premisa establecida constituye una presunción iuris tantum, que sólo se puede desvirtuar por voluntad expresa del testador, toda vez que las sustituciones fideicomisarias, cualquiera que sea su modalidad, deben constituirse expresamente por éste, a tenor de lo establecido en los artículos 783.1° y 785.1° CC[242].

Con relación a los sujetos, la especialidad de esa sustitución fideicomisaria de residuo reside no solo en el hecho de que grava una parte de la herencia que normalmente queda fuera del margen de libertad de actuación del testador, sino también en que tanto fiduciario como fideicomisario son legitimarios del fideicomitente[243].

Esta imposición del testador es relativamente protectora para los legitimarios afectados puesto que al tratarse de un fideicomiso de residuo si aliquid supererit[244], estos podrían llegar a no recibir

---

242 BERNARD MAINAR, R., "Incidencia de la ley 8/2021, sobre las personas con discapacidad, en algunos aspectos del derecho de sucesiones: porción legítima, aceptación y repudiación de herencia, colación y partición", op. cit. pp. 241-279. Sobre la carga de la prueba, la STS 30 de octubre de 2012 [Tol 3060021] aporta que cuando el testador limita las facultades dispositivas del fiduciario a actos inter vivos y a título oneroso es él quien debe probar que el destino fue necesario y acorde con el objeto del fideicomiso, mientras que si el testador autorizó las más amplias facultades de disposición es el fideicomisario quien debe probar que el fiduciario vació el contenido del fideicomiso con mala fe o de forma fraudulenta o abusiva.

243 COSTAS RODAL, L., Autonomía y apoyo de la persona con discapacidad en el ámbito sucesorio tras la Ley 8/2021, Tirant lo Blanch, Valencia, 2024, p. 190.

244 ORTEGA DOMENECH, J., "Constitución de una sustitución fideicomisaria a favor de heredero con discapacidad sobre el tercio de legítima estricta: cuestiones y problemas a la luz de la reforma introducida por

nada de lo que integraba su legítima. No obstante, no ha sido esta la preocupación del legislador. Es criterio compartido por una amplia mayoría de autores que, en esta ocasión, el propósito perseguido ha sido dotar al testador de opciones que le hagan posible proteger al hijo con discapacidad en situaciones en las que no haya otro modo de conseguirlo[245]. En contraposición, también se ha señalado que esta figura no constituye un remedio efectivo para el fiduciario sino una restricción a su libre albedrío al impedirle disponer de sus bienes que no se integrarán en su haber testamentario al tener un destino prefijado por la ley[246].

Finalmente, sobre si el cónyuge viudo o conviviente del fiduciante estaría legitimado para gravar la legítima de los hijos comunes con discapacidad, el criterio por el que, en principio habría que decantarse, y, a falta de especificación, sería el afirmativo, habida cuenta de la finalidad pretendida en la Ley 8/2021, de favorecer en la mayor medida posible a estas personas y de las reformas operadas en los preceptos estudiados, que hacen variar las circunstancias de la configuración anteriormente prevista en la Ley 41/2003[247].

---

la Ley 8/2021, de 2 de junio", *Modificaciones sucesorias, discapacidad y otras cuestiones. Una mirada comparativa,* (M.ª Patricia Represa Polo, coord.), Reus, Madrid 2022, pp. 143 y ss.

245 LORA-TAMAYO RODRÍGUEZ, I., "Sustitución fideicomisaria en favor de personas con discapacidad" *Revista jurídica del notariado,* núm. 116, enero-junio, 2023, pp. 11-58.

246 Al respecto, DE AMUNÁTEGUI RODRÍGUEZ, C., "Treinta y nueve. Se suprime el tercer párrafo del artículo 808, pasando el actual cuarto párrafo a ocupar el tercer lugar, y se añaden a continuación dos nuevos párrafos", op. cit.

247 En este sentido, CÁMARA LAPUENTE, S., "Comentario al artículo 831 del Código Civil". *Comentarios al Código Civil,* (Ana Cañizares Laso, dir.), Tirant lo Blanch, Valencia, 2023, p. 4609; ORTEGA DOMENECH, J., "Constitución de una sustitución fideicomisaria a favor de heredero con discapacidad sobre el tercio de legítima estricta: cuestiones y problemas a la luz de la reforma introducida por la Ley 8/2021, de 2 de junio", op. cit., pp. 143 y ss.

La solución no deja de ser incierta, en atención al carácter excepcional de los nuevos preceptos, a la posible consideración del gravamen fideicomisario como una facultad personalísima y a lo abierto del término "deberá respetar las legítimas" del art. 831.3.

7.5. Actos del fiduciario con discapacidad

Además de las cuestiones antes referidas sobre el alcance del fideicomiso de residuo, la siguiente cuestión afectaría a los actos que podría realizar el legitimario beneficiado.

Las opiniones vertidas sobre este extremo son diversas. Mientras unos apelan a que, en este caso, el criterio más acertado es realizar una interpretación restrictiva de los actos que no pueda realizar el legitimario con discapacidad, de forma que no se le limite su libertad de disposición más allá del valor o de los bienes que forman parte de la legítima estricta[248], otros autores[249], señalan que resulta difícil interpretar que el testador pueda autorizar al legitimario con discapacidad a disponer de los bienes pertenecientes a la legítima estricta de los demás, sea a título gratuito o por acto mortis causa, puesto que entiende que ello supondría no un gravamen sino una completa privación de la legítima de los demás, y una auténtica contradicción en los términos en que el legislador regula la legítima. Y, es que efectivamente, de ser así, se estaría posibilitando un desequilibrio en menoscabo de los derechos de los restantes legitimarios.

En todo caso, lo que queda claro es que el fiduciario no podrá realizar actos de disposición gratuitos, pero sí actos a título

---

248 CERVILLA GARZÓN, M.D., "La sustitución fideicomisaria y la protección de las personas con discapacidad", *Un nuevo orden jurídico para las personas con discapacidad*, Guillermo Cerdeira Bravo de Mansilla, Manual García Mayo, dirs.), Wolters Kluwer, Madrid 2021, pp. 690-705.

249 ESPEJO LERDO DE TEJADA, M., "Comentario al artículo 808 del Código Civil", op. cit., pp. 3917 y ss.

oneroso, según el art. 808.4 CC, que también permite que el testador configure la sustitución de manera diferente a favor de los hijos si bien crea el problema interpretativo del margen de configuración que tiene el testador en cuanto a las facultades dispositivas del fiduciario[250]. Y ello porque, dada la excepcionalidad de la medida, estima la doctrina que el gravamen impuesto a la legítima debe ser el menor posible para atender al fin superior de protección patrimonial del hijo vulnerable; y eso se consigue admitiendo solo disposiciones onerosas en las cuales lo obtenido en dicho tipo de disposición se integra en el patrimonio afectado por el fideicomiso, de forma que se garantiza que el legitimario pueda en el futuro adquirir algún bien, lo que no sucedería con transmisiones gratuitas en las que no se recibe contraprestación alguna. Sin embargo, el carácter oneroso de dichos actos requeriría ser perfilado dada la naturaleza de la figura. Al respecto se ha señalado la conveniencia de establecer si esta permisión afecta a todos los actos al margen de cualquier circunstancia o solo en situación de necesidad. Tampoco establece el precepto si debe ser aplicado el principio de subrogación real respecto del correspectivo de la disposición realizada por el fiduciario[251]. Se opone a esta posibilidad Botello Hermosa[252] alegando que, si el fiduciario con discapacidad no pudiese disfrutar de la contraprestación económica, la reforma del 2021 carecería de sentido. A estos efectos, hay que recordar sin embargo, que la STS de 30 octubre 2012[253], ya citada, aclara que el mecanismo de la

---

[250] CÁMARA LAPUENTE, S., "Comentario al artículo 782 del Código Civil", Comentarios al Código Civil. (Ana Cañizares Laso, dir.). T. III, (Arts. 744 a 1155), Tirant lo Blanch 2023, p. 3812.

[251] COSTAS ROLAN, L., Autonomía y apoyo de la persona con discapacidad en el ámbito sucesorio tras la Ley 8/2021, op. cit., p. 191.

[252] BOTELLO HERMOSA, P., "Motivos jurídicos para cuestionarnos si el testador puede dejarle toda la legítima estricta a un descendiente legitimario con discapacidad", op. cit, p. 99.

[253] TOL1.567.580. En el mismo sentido, STS 30 junio 2009, TOL3.060.021.

subrogación real respecto del correspectivo de la disposición realizada debe operar con normalidad en el fideicomiso de residuo, inclusive en su modalidad «si aliquid superit» (si algo queda), cuando el testador haya limitado la facultad de disposición a los actos onerosos, es decir, los realizados a cambio de una contraprestación económica, de suerte que la subrogación real permite la finalidad conservativa del fideicomiso, siempre acorde con la voluntad querida por el testador.

8. Impugnación del gravamen

Finalmente, la reforma introduce en el párrafo quinto una norma sobre la carga de la prueba en beneficio de la persona con discapacidad que pesa sobre el fideicomisario que pretendiera impugnar el gravamen. Este último párrafo también adolece de indefinición porque no recoge las circunstancias que deba acreditar el hijo impugnante del gravamen. Solo expresa que, cuando el testador hubiere hecho uso de la facultad que le concede el párrafo anterior, corresponderá al hijo que impugne el gravamen de su legítima estricta acreditar que no concurre causa que la justifique, olvidando así circunstancias en las que el descendiente del testador que sea legitimario, sea un nieto por derecho de representación, en caso de premoriencia, indignidad o desheredación del padre[254].

Tampoco el art. 808 CC supedita la imposición del fideicomiso a ninguna causa, por lo que la doctrina se plantea el significado de la acreditación de no existir causa que la justifique porque ello impide presumir que deba dedicarse a cubrir una necesidad de carácter económico, aunque normalmente suele ser la causa principal. La situación más sencilla para impugnar dicha reducción sobre la legítima de los restantes ascendientes quizás sea cuando

---

254 Al respecto, COSTAS ROLAN, L., Autonomía y apoyo de la persona con discapacidad en el ámbito sucesorio tras la Ley 8/2021, op. cit., p. 203.

cuente con un patrimonio personal que le permita atender sus propias necesidades y se pueda demostrar que su situación no requiere ser complementada con los apoyos económicos de los restantes legitimarios. También se ha señalado como causas que permitirían instar la impugnación: la inexistencia de discapacidad, de necesidad del fiduciario; o, incluso, que no se justifique que la sustitución fideicomisaria deba ser de residuo[255].

Estos motivos habrá que relacionarlos con el hecho de que el testador no puede perjudicar en ningún caso los derechos de dichos legitimarios. Si así sucede, corresponderá al hijo que impugne el gravamen de su legítima estricta acreditar que no concurre causa que la justifique. Barba interpreta que con esta expresión la ley quiere decir que no basta con alegar que existe un fideicomiso en su favor y que el testador ha dispuesto de la legítima estricta, sino que es necesario demostrar que tienen derecho concreto a la legítima estricta y, por tanto, que no existe ninguna causa que justifique su exclusión de la sucesión[256].

9. Límites y extinción del fideicomiso de residuo

El fiduciario beneficiado con el tercio de legítima estricta ha de estar en situación de discapacidad al menos en el momento de apertura de la sucesión del testador fideicomitente y haber superado el 33% de discapacidad, lo que excluye a sus descendientes o a los hijos que tengan una dependencia moderada.

---

255 BERNAD MAINAR. B., "Incidencia de la ley 8/2021, sobre las personas con discapacidad, en algunos aspectos del derecho de sucesiones: porción legítima, aceptación y repudiación de herencia, colación y partición", op. cit., pp. 241-279.

256 BARBA, V., "El art. 12 de la Convención sobre los derechos de las personas con discapacidad de nueva york, de 13 de diciembre de 2006", op. cit. MARÍN CALERO, C., La herencia a favor de un hijo con discapacidad intelectual, Tirant lo Blanch, Valencia 2022.

Omite sin embargo el precepto mencionar las consecuencias de la desaparición de la discapacidad, que se hayan detectado ciertas anomalías en el procedimiento administrativo del reconocimiento de la discapacidad o la variación del grado de discapacidad teniendo en cuenta que el grado I no daría lugar a esta posibilidad de gravar la legítima que reconoce el art. 808 CC, según la disposición adicional cuarta del CC, de la misma forma que también olvida indicar la fijación del plazo de duración de esta disposición, que podría impedir que los otros legitimarios pudieran recibir en vida la legítima que les corresponde por derecho.

Como el precepto no se pronuncia, en el caso de que desapareciese o se rebajase hasta el grado menor la causa de dependencia, los fideicomisarios podrán solicitar fundadamente el cese del gravamen puesto que no cabe perpetuar su situación[257]. En dicha situación, al testador le quedaría la posibilidad de atribuirle el tercio de mejora y, en su caso, el de libre disposición. De no proceder de esta forma, se estarían mermando los derechos de los restantes legitimarios además de violar la libertad del testador de poder disponer libremente del tercio de libre disposición[258].

Tampoco queda especificado en qué situación queda la herencia del hijo en situación de discapacidad cuando fallezca. Al estar gravada su legítima con un fideicomiso de residuo, su cuota de legítima estricta tiene que ir a parar a sus colegitimarios, sin que los herederos del fiduciario puedan retener la parte de la legítima que correspondía al legitimario con discapacidad beneficiado en vida con el fideicomiso de residuo. La razón es que éste último no podrá disponer de tales bienes por acto mortis

---

257 CÁMARA LAPUENTE, S., "Comentario al artículo 782 del Código Civil", op. cit., p. 3812.

258 MARTÍN SANTISTEBAN, S., "Reforma civil en materia testamentaria para el apoyo a personas con discapacidad", op. cit.

causa y, como señala Cámara Lapuente no se ha establecido un precepto equivalente al art. 777 CC[259].

10. Otra excepción a la intangibilidad de la legítima. El art. 822 CC

10.1. El derecho de habitación

El derecho de habitación ha adquirido una relevancia inusitada en el derecho sucesorio porque pone de relieve la necesidad de seguir garantizando el domicilio familiar a aquellas las personas que han convivido con el testador o se encuentran en situación menesterosa, con el fin de asegurarles su estabilidad tanto emocional como económica.

A tal fin y, vinculado también con la legítima y, en concreto, con su cuantificación, se modifica el art. 822, en sus párrafos primero y segundo, cuya redacción originaria proviene de la Ley 41/2003. Este precepto establece que la donación o el legado del derecho de habitación «no se computará para el cálculo de las legítimas».

La modificación que ha realizado la Ley 8/2021 es de carácter terminológico principalmente, pues se sustituye en ambos la expresión "legitimario persona con discapacidad" por "legitimario que se encuentre en una situación de discapacidad" y se mantiene el contenido del precepto - donación o legado de un derecho de habitación sobre la vivienda habitual que su titular haga a favor de la persona con discapacidad- dejando incólume el sentido del precepto. Sin embargo, alcanza a su contenido en cuanto le afecta la disposición adicional cuarta del Código civil sobre el concepto de discapacidad.

Se trata de una facultad que se da al causante, que constituye una excepción al principio de intangibilidad cualitativa y cuan-

---

259 CÁMARA LAPUENTE, S., "Comentario al artículo 782 del Código Civil", op. cit., p. 3819.

titativa de la legítima, y excluye que se integre de su cálculo el derecho de habitación que puede reconocer el causante a favor del descendiente con discapacidad que haya convivido con él.

Su concesión implica que este derecho no se sumará a la reunión ficticia de los bienes relictos y los bienes donados y la computación y cálculo de la legítima se tendrán que hacer sin tener en cuenta este valor.

En relación con la donación, el trato de favor estaría en que el valor del derecho de habitación no se sume al valor de los bienes existentes al tiempo del fallecer el donante. Como disponen los arts. 818 y 819 CC, se agregará al valor líquido de los bienes hereditarios el de las donaciones colacionables. Señala el art. 819 que las donaciones hechas a los hijos, si no tienen el concepto de mejoras, se imputarán en su legítima. Por lo tanto, para que los derechos legitimarios de los herederos forzosos no sean frustrados, habrá que sumar el valor de las liberalidades realizadas en vida por el fallecido al valor de los bienes existentes en el momento del fallecimiento. Este montante posteriormente se dividirá entre el número de legitimarios con derecho a la cuota legitimaria, dando como resultado la cuota legitimaria individual de cada heredero forzoso.

Para el cálculo de las legítimas se estará al valor de los bienes existentes que quedaren al fallecer el testador, deduciendo las deudas y las cargas, sin comprender entre ellas las impuestas en el testamento.

Esta medida se trata de una protección adicional que la ley concede únicamente al legitimario discapacitado que se encuentra en una especial situación de necesidad de vivienda, por lo que puede considerarse un nuevo derecho legitimario que supone un gravamen sobre la legítima estricta en caso de que dicha vivienda se atribuya a los legitimarios descendientes en pago de sus derechos legitimarios, ya sea en concepto de legado o de herencia a consecuencia de la correspondiente partición hereditaria. Consecuencia de dicha adjudicación es que la legítima estricta del hijo discapacitado puede superar la del hijo no discapacitado, porque aquél recibirá además de su parte, el derecho de habitación sobre la vivienda habitual.

Con esta determinación legal se evita el importante problema que se crearía en caso de que el único bien que se atribuyese al legitimario descendiente no discapacitado fuese la vivienda habitual que estuviera gravada con el derecho de habitación y que el valor de ese bien, descontada la estimación del gravamen, fuese inferior a la legítima del descendiente no discapacitado. De no existir este precepto, el legitimario no discapacitado podría ejercitar los remedios ordinarios y, siguiendo el orden legalmente establecido: acción de complemento de legítima, de reducción de legados y de reducción de donaciones, podría reducir por inoficiosa la donación del derecho de habitación que gravase la vivienda recibida en pago de la legítima estricta. Sin embargo, el art. 822.1 CC, impide que el valor del derecho de habitación sea tenido en cuenta a la hora de computar las legítimas[260].

Dicho derecho se caracteriza por ser gratuito e intransmisible[261], inscribible en el Registro de la Propiedad y otorgar la facultad de ocupar en una casa ajena las piezas necesarias para sí y para las personas de su familia[262]. Si se constituyera permitiendo su transmisión, la donación se imputaría a la legítima del donatario; y en caso de que fuera un legado de un derecho de habitación, esté podría reducirse si fuera excesivo.

---

260 RAGEL SÁNCHEZ, L.F., "Comentario al art. 822 CC", *Comentarios al Código Civil*, (Rodrígo Bercovitz Rodríguez Cano, dir.), T. V., Tirant lo Blanch, Valencia 2013, p. 6102.

261 art. 108.3 LH.

262 art. 524.2 CC.

10.2. Modalidades

En la atribución de este derecho se diferencian dos situaciones. La primera de ellas atiende a la voluntad del causante cuando tenga un legitimario con discapacidad que haya convivido con él. La segunda responde al mandato legal en virtud del cual cuando el causante tenga un legitimario con discapacidad que se encuentre en situación de necesidad le atribuye el derecho de habitación sobre la vivienda habitual.

En ambos casos, el término legitimario está referido tanto a los hijos y a sus descendientes, como a los ascendientes o al cónyuge supérstite según establece el art. 807 CC. Sobre esta cuestión algún autor ha suscitado si es posible establecer el derecho de habitación a favor de legitimarios potenciales; es decir, aquellos que al momento del fallecimiento del causante carecen de acción para reclamar derechos legitimarios. A saber, el nieto existiendo el hijo, que le cierra el paso a la legítima, o los padres, si hay descendencia, entendiendo que si la finalidad última de la Ley 8/2021 es proteger a la persona en situación de discapacidad habría que aceptar el derecho de habitación previsto en el art. 822 CC a favor de todo legitimario, y no solo de aquellos que al momento del fallecimiento del disponente ostentan el derecho a la legítima de manera efectiva[263]. Aceptar dicho criterio implica sin embargo olvidar el carácter intransmisible del derecho de habitación, que requeriría de un nombramiento específico por parte del causante.

También pueden acoger situaciones en las que coexistan varios legitimarios en la misma situación de discapacidad o no, gravando en este último caso este derecho su legítima.

---

263 RIVERA FERNÁNDEZ, M., "Comentario al artículo 821 del Código Civil", *Comentarios al Código Civil,* Ana Cañizares Laso, dir.), T. III, Tirant lo Blanch, Valencia, 2023, p. 3992 y ss.

10.2.1. Atribución por decisión del causante

La decisión del causante es tomada en consideración cuando desee dejar al legitimario con el que conviva un derecho de habitación sobre la vivienda.

Esta disposición supone un beneficio para la persona con discapacidad porque no supone ninguna merma en los derechos legitimarios que le pudieran corresponder al no imputársele en la cuota que le corresponda, ni tampoco se tendrá en cuenta para fijar su cuantía[264].

En este párrafo se mantiene la posibilidad, ya existente con anterioridad a la reforma, de que se haga por actos inter vivos como la donación, o actos mortis causa como el legado el derecho de habitación sobre la vivienda habitual que comparten su titular y la persona en situación de discapacidad. Cuando en este último caso sean varios los legitimarios que estén en dicha situación por reunir los presupuestos exigidos, todos ellos participarán del mismo derecho en igualdad de condiciones[265].

Cada uno de ellos exige la observancia del régimen jurídico correspondiente. La donación requiere la aceptación por parte de la persona beneficiada, que será dependiente del alcance de su grado de discapacidad, así como si requiere medidas de apoyo[266]. Respecto al régimen jurídico que habrá que observar

---

264 RIVERA FERNÁNDEZ, M., "Comentario al artículo 821 del Código Civil", op. cit., pp. 3993 y ss.

265 SAP Valladolid, Sección 3ª, 3 mayo 2016, TOL5.804.308.

266 Al respecto, QUESADA SÁNCHEZ. A.J., "El acceso a la justicia de las personas con discapacidad en tiempos de judicialización: Análisis desde el derecho civil". *La discapacidad en la jurisdicción civil.* (Sonia Calaza López, Mercedes Llorente Sánchez Arjona, Vicente Guzmán Fuja, dirs.), Dykinson, Madrid 2023, pp. 160 y ss. STS 1143/2024 de 18 septiembre 2024, JUR\2024\303330; STS 875/2024 de 18 junio 2024, JUR\2024\206237; STS 854/2024 de 12 junio 2024, JUR\2024\153427.

debe ser el propio de las donaciones inter vivos, pues de tratarse de donaciones mortis causa se aproximaría más al legado, que es recogida a continuación y haría que dicha figura resultase una mera reiteración de la anterior[267].

Esta disposición tendrá carácter revocable y sus efectos comenzarán a generar efectos desde el momento en que sea aceptada por el legitimario en la misma o posterior o concurrente escritura pública en la que se ha formalizado la donación.

Su aplicación requiere que donante como donatario reúnan los presupuestos exigidos de vivir en la misma vivienda de modo habitual y estar en situación de discapacidad; esto es, el testador deberá hacer constar dicha voluntad en el testamento. De concurrir ambas circunstancias, su valor no se añadirá al que tuvieren los bienes que quedaren a la muerte del donante a los efectos del art. 818 CC.

Cuando el título de atribución sea mediante legado no se podrá computar en el cálculo de la legítima del favorecido y tampoco será colacionable, en virtud de lo dispuesto en el art. 1041 CC, que excluye de estar sujetos a colación los gastos realizados por los progenitores y ascendientes para cubrir las necesidades especiales de sus hijos o descendientes requeridas por su situación de discapacidad.

Con carácter general el legado requiere su entrega y posesión a los herederos[268]. En esta modalidad sin embargo se exige la convivencia de ambos en la vivienda al tiempo de fallecer el testador por lo que la premisa es la inversa puesto que el legatario debía vivir en la vivienda.

---

267 DONADO, A. "Recientes novedades en materia de discapacidad y derecho de habitación", *Actualidad Jurídica Iberoamericana,* núm. 19, agosto 2023, pp. 160-199.

268 Art. 885 CC

Los legados serán soportados por todos los herederos de un modo proporcional, a no ser que el testador haya indicado otra cosa, en cuyo caso únicamente uno de los herederos debería soportar el derecho de habitación sobre una vivienda que se le ha atribuido de manera individual. De ser así, habrá que atender al modo en que lo haya determinado el causante y a qué herederos o legatarios se ha impuesto su cumplimiento. De no haberlos designado, se repercutirá sobre todos ellos en proporción a su cuota hereditaria[269], a no ser que el testador hubiera dispuesto otra cosa si toda la herencia está distribuida en legados.

El momento de la verificación de los presupuestos exigidos se corresponde con el de la muerte del causante[270].

10.2.2. Atribución por mandato legal

El segundo párrafo establece, por mandato legal, un derecho de habitación sobre la vivienda habitual del causante a favor del legitimario en situación de discapacidad que estuviera conviviendo con el fallecido, en caso de necesitarlo y salvo manifestación en contra del testador.

Esta situación no se refiere realmente a un legado, que precisa la voluntad del testador y, por tanto, de un testamento, sino a un legado legal en el que se sustituye la voluntad del causante mediante la presunción de que su deseo era beneficiar al familiar con discapacidad que conviviera con él. Por ello se ha planteado la posibilidad de aplicar este precepto incluso cuando el causante haya fallecido abintestato fundamentalmente para no dejar desprotegidas a estas personas[271].

---

269 Arts. 858, 859 y 891 CC

270 SAP Murcia, 9 de octubre de 2007 [Tol 7384316]).

271 DONADO, A. "Recientes novedades en materia de discapacidad y derecho de habitación", op. cit., p. 179.

Esta situación de discapacidad, como se ha expuesto anteriormente, será la marcada por los criterios fijados por la ley de atención a las personas con discapacidad y dependencia por lo que, el precepto solo es aplicable cuando el legitimario sufra algún menoscabo en la integridad física o psíquica de la persona, que superen los porcentajes establecidos en la norma del 33% de incapacitación mental o el 66% si se refiere a la física[272].

Esta atribución se presume salvo que el testador hubiera dispuesto otra cosa o lo hubiera excluido expresamente, en cuyo caso habrá que complementar con la exigencia de necesidad por parte del legitimario a lo que se suma que estuviere conviviendo con el fallecido. En ambos casos, tanto la exclusión de este derecho por parte del causante, como su concesión deberán realizarse mediante manifestaciones expresas.

Aunque no hay previsión de plazo, cabe entender que el momento para solicitarlo es el de la muerte del causante mientras que el de la existencia de necesidad será el de la apertura de la sucesión.

10.3. Presupuestos

La convivencia es un presupuesto necesario en ambos casos. No lo es sin embargo la exigencia de que el legitimario se encuentre en situación de necesidad, concepto que no queda definido, por lo que habrá que estar en cada caso a la valoración que realice el causante y además en caso de controversia habrá que demostrarlo.

A diferencia de lo dispuesto en el párrafo anterior, cuando se hace por designación legal su titular cuenta con la limitación de no poder impedir que continúen conviviendo los demás legitimarios mientras lo necesiten.

---

272 En este sentido, SAP Vizcaya, 15 noviembre 2011, JUR\2012\171718.

10.3.1. Carácter de la vivienda

Si se trata de vivienda habitual y el causante estaba casado, habrá que distinguir según el carácter ganancial o privativo de la vivienda que el testador o donante atribuye en beneficio de este legitimario con discapacidad.

En principio, el causante tendrá plena disponibilidad en el ejercicio de sus facultades de disposición si la vivienda tiene carácter privativo. No sucede lo mismo si por el contrario tiene carácter ganancial.

La muerte es una de las causas por las que se extingue la sociedad legal de gananciales. Ello implica su disolución previa liquidación. En este caso, para que el legado sea válido es primordial que se le haya adjudicado la vivienda a la herencia del testador. Si no es así, al legitimario con discapacidad se le entregaría el valor del derecho de habitación al tiempo del fallecimiento del testador, perdiendo el legado del derecho de habitación, pero no se habría conseguido la finalidad prevista en el precepto de asegurarle una vivienda digna[273].

10.4. Extinción del derecho de habitación

Como todo derecho de habitación el derecho concedido por el art. 822 del Código Civil se extingue por las causas señaladas en el art. 529 CC, es decir, por las mismas causas del usufructo enumeradas en el art. 513 CC, que son: la muerte del habitacionista, expirar el plazo por el que se constituyó el derecho o cumplirse la condición resolutoria, reunión de la habitación y propiedad en una misma persona, renuncia del habitacionista, pérdida total de la cosa, resolución del derecho del constituyente y prescripción y, además por abuso grave.

---

[273] DONADO, A. "Recientes novedades en materia de discapacidad y derecho de habitación", op. cit., p. 181.

11. Régimen de derecho transitorio

Los derechos de una persona se rigen por la ley vigente en el momento de la apertura de la sucesión. Este criterio queda recogido en la disposición transitoria 12ª del CC. El punto de referencia es el momento de la apertura de la sucesión del testador y no la del fallecimiento del fiduciario sustituido[274].

En cuanto a las sustituciones previstas en el artículo 776 CC, la disposición transitoria cuarta de la Ley 8/2021 dispone que en el caso de que la persona sustituida hubiera fallecido con posterioridad a la entrada en vigor de la presente Ley, se aplicará lo previsto en esta y, en consecuencia, la sustitución dejará de ser ejemplar, sin que pueda suplir el testamento de la persona sustituida. No obstante, la sustitución se entenderá como una sustitución fideicomisaria de residuo en cuanto a los bienes que el sustituyente hubiera transmitido a título gratuito a la persona sustituida. Con ello el sustituido se convierte en fiduciario y el sustituto en fideicomisario.

12. La facultad del testador de disponer de la legítima. Derecho aragonés, vasco y navarro

El derecho aragonés y vasco reconocen la posibilidad de que el testador no deje la legítima a sus descendientes. Tampoco exigen que el legitimario sea una persona con discapacidad, ni que se trate de un legitimario. En concreto, Aragón recoge la legítima colectiva, que asciende a la mitad de la herencia en su art. 486 del código de derecho foral de Aragón. Y el país vasco, así lo reconoce su Ley 5/2015, de 25 de junio de derecho civil vasco, en su art. 48.2.

Por su parte, el derecho navarro, en su Ley 267 establece que: "La legítima navarra, tradicionalmente consistente en la atribución

---

274 DOMÍNGUEZ LUELMO, A., "La reforma del derecho de sucesiones en la ley 8/2021: derecho sustantivo y derecho transitorio", op. cit., p. 411.

de “cinco sueldos ‘febles› o ‘carlines› por bienes muebles y una robada de tierra en los montes comunes por inmuebles”, no tiene contenido patrimonial exigible ni atribuye la cualidad de heredero, y el instituido en ella no responderá en ningún caso de las deudas hereditarias ni podrá ejercitar las acciones propias del heredero.

La atribución de la “legítima navarra” con esta sola denominación u otra semejante a los legitimarios designados de forma individual o colectiva en el acto de disposición cumple las exigencias de su institución formal”.

Por tanto, esta legítima no tiene contenido patrimonial exigible ni atribuye la cualidad de heredero, y el instituido en ella no responderá en ningún caso de las deudas hereditarias ni podrá ejercitar las acciones propias del heredero, por lo que no puede considerarse propiamente como tal.

Aunque la institución en la legítima foral podrá hacerse para todos los legitimarios en forma colectiva, de acuerdo con la Ley 270, no será necesaria la institución en la legítima foral cuando el disponente hubiera dotado a los legitimarios, les hubiese atribuido cualquier liberalidad a título mortis causa, o los hubiere desheredado por justa causa (que son las enumeradas en los arts. 852 y 853 CC), o ellos hubieran renunciado a la herencia de aquél, o hubiesen premuerto sin dejar descendencia con derecho a legítima[275].

---

275 BLASCO GASCÓ, F. DE P. Instituciones de Derecho civil. Derecho de sucesiones. 5ª ed. Tirant lo Blanch, Valencia 2022, pp. 258 y ss.

V. Conclusiones

El modelo sucesorio recogido en el Código civil ha quedado desfasado actualmente, impidiendo que pueda dar una respuesta acertada a los cambios provocados como consecuencia de la aparición de nuevos modelos de familia, de la desvinculación del concepto de riqueza a la tierra... Sin embargo muestra que el sistema legitimario siempre ha tenido atisbos donde ha mostrado cierta flexibilidad, sobre todo de modo notorio en la última reforma operada por la Ley 8/2021 de 2 de junio, por la que se reforma la legislación civil y procesal para el apoyo a las personas con discapacidad en el ejercicio de su capacidad jurídica, posibilitando gravar la legítima del fiduciario con discapacidad en beneficio de los restantes legitimarios e, igualmente aunque no con la misma intensidad, las disposiciones analizadas, sirven para poner de manifiesto la existencia de excepciones al sistema vigente.

Una de estas normas se encuentra en el art. 831 CC, que contempla una forma de fiducia sucesoria que atribuye amplias facultades al fiduciario.

La reforma operada por la ley 41/2003 introdujo importantes modificaciones con relación a la persona del fiduciario, que aplica tanto al cónyuge viudo como a la pareja con la que se hayan tenido hijos en común.

Esta modalidad de fiducia, que tomó como antecedente la reconocida en los derechos forales, no sólo puede considerarse una excepción dentro del sistema legitimario contemplado en el Código civil, sino que supone una quiebra de este, en el que, el viudo puede modificar el título de atribución y de sucesión.

Sus amplias concesiones se arrogaron inicialmente al fiduciario con el propósito de reforzar la posición de la viuda para que fuese respetada en sus decisiones y mantener indiviso el patrimonio común. Las reformas posteriores del precepto han querido adaptarse a las necesidades actuales. Esta pretensión no obstante ha resultado fallida, como buena prueba de ello fue su última reforma de 2003, que se hizo con la idea de reforzar el patrimonio de las personas con discapacidad y, paradójicamente en lugar de ello, ha sido un recurso utilizado para mantener el patrimonio indiviso de la empresa familiar. No obstante, su importancia reside en que es un instrumento útil para remediar determinadas situaciones familiares en favor de los hijos más desfavorecidos o incluso, en matrimonios de larga duración, para facilitar que el viudo quede con todo el patrimonio familiar hasta que fallezca, sorteando así la posición que le otorga el sistema legitimario español, permitiéndole alcanzar objetivos impedidos por otras vías legales, referidos fundamentalmente al cónyuge viudo y a los hijos más vulnerables dentro del entorno familiar.

No se trata sin embargo de una figura que pueda resultar útil para todos los matrimonios, ni para todas las situaciones pero tampoco se debe descartar por la complejidad que entraña su redacción, por lo que su recomendación debe, al menos, considerarse en situaciones en que se quiera mantener la unidad del patrimonio familiar; en aquellas que presenten incertidumbre respecto al futuro de alguno de los hijos o sencillamente cuando se desee que el patrimonio conformado en vida por ambos cónyuges sea disfrutado por el supérstite hasta su muerte.

Esta figura normalmente aparece vinculada a un legado de usufructo universal a favor del propio cónyuge y suele darse en aquellos casos en los que los hijos son de corta edad puesto que, en caso contrario, lo que se estaría haciendo sería dilatar el tránsito a la siguiente generación. Asimismo, sirve para facilitar la resolución de determinados problemas vinculados a personas con discapacidad o simplemente a descendientes inexperimentados.

Esta delegación, que sólo se puede hacer en testamento, faculta al cónyuge para que pueda mejorar a alguno de los hijos o descendientes comunes. Estas mejoras se podrán imputar incluso en el tercio de libre disposición, adjudicando bienes concretos, comprendidos aquellos que correspondan a la sociedad legal de gananciales, que quede por liquidar, con la única limitación de no afectar la legítima estricta de los descendientes comunes y las disposiciones en favor de éstos hechas por el causante. Parece, sin embargo, que, del tenor del precepto no puede derivar la consecuencia de que el cónyuge esté legitimado para hacer el pago en metálico de las legítimas establecido en el art. 1056.2º Código Civil, con el que cabe apreciar algunas diferencias, como la que posibilita el aplazamiento del pago.

Por todo lo expuesto, cabe entender que el contenido del art. 831 CC además de sortear alguno de los impedimentos que tradicionalmente se ha imputado al sistema legitimario recogido en el Código civil, bastante restrictivo y que limita de manera excesiva la libre voluntad de las personas a la hora de disponer de sus bienes, permite que se coloque al fiduciario en el centro de la familia y del patrimonio, motivos suficientes para recomendar su utilización.

Respecto a la posibilidad de establecer pactos sucesorios, las reformas del Código civil en esta materia han sido escasas y ha permanecido inalterado el principio general de prohibición de los pactos sucesorios en el ámbito del Derecho común, consagrado en los artículos 816 y 1271.2 CC.

El criterio de opinión generalizado por parte de la doctrina es ver en dicha prohibición una restricción a la autonomía de la voluntad, que ha perdido la consistencia que justificó en otros tiempos su imposición legal. Igualmente se considera que la libertad de testar es un principio que debe influir en la revisión de determinadas figuras, como son los pactos sucesorios, cuyo reconocimiento aportaría en la práctica más ventajas que inconvenientes, como sucede en concreto con el mantenimiento de la empresa familiar, porque los fundamentos que históricamente justificaron la necesidad de respetar la herencia han sufrido un cambio en su valoración respecto al momento en que se configuraron las instituciones del derecho de sucesiones.

Aunque la sucesión contractual es un mecanismo sucesorio prohibido con carácter general para los territorios que se rigen por las disposiciones del Código civil, esta restricción no opera de modo absoluto puesto que, junto a ella, coexisten instituciones que permiten disponer, fundamentalmente si ello se hace entre cónyuges y en capitulaciones matrimoniales, de determinados bienes tras el fallecimiento del causante. En concreto, la promesa de mejorar o de no mejorar hecha en capitulaciones matrimoniales; la mejora irrevocable realizadas también en capitulaciones matrimoniales o a través de un contrato oneroso celebrado con un tercero y las donaciones de bienes futuros por razón del matrimonio, sin olvidar los denominados pactos sociales, recogidos en el art. 1704 CC, sin perjuicio de su debatida y dudosa calificación como pacto sucesorio. Pero existen además otras normas estatales en el ámbito societario que permiten la realización de este tipo de pactos sociales y que se encuentran también muy cercanas a la prohibición de los pactos sucesorios que recoge el Código civil; así, por ejemplo, el art. 15 de la Ley de sociedades profesionales contempla la posibilidad de que los socios acuerden que en caso de fallecimiento de un socio profesional las participaciones de este no se transmitan a sus herederos. Asimismo, en alguna etapa anterior, el legislador reconoció este medio para solucionar situaciones concretas, como facilitar la herencia a los hijos adoptivos o permitir la indivisión del patrimonio familiar, como convenía el Estatuto de la explotación agraria y de los jóvenes agricultores de 24 de diciembre de 1981, derogado por la Ley de modernización de las explotaciones agrarias en 1995, que expresamente contemplaba la posibilidad de celebrar determinados pactos sucesorios, con la finalidad de transmitir mortis causa la titularidad de la explotación agrícola, protegiendo así las explotaciones agrarias de carácter familiar, y facilitando la incorporación de jóvenes agricultores a la actividad agraria.

Estas permisiones permiten entender, por tanto, como así ha sido entendido por un importante número de autores, que esta prohibición sólo responde a razones históricas y a motivos de política legislativa. Por ello, y, al no resultar extraño a nuestro modelo sucesorio, resultaría más acorde con el sistema vigente, limitar el alcance general de esta exclusión, compatibilizándola, al menos, con la aprobación de algunos pactos. En concreto, y con el fin de facilitar mecanismos que permitan adaptarse de la forma más conveniente a las necesidades del momento presente, no sería inadecuado admitir su validez conciliándolos adecuadamente con unas normas legitimarias mínimas que permitan cubrir las necesidades reales de aquellas personas vinculadas con el causante, optando, en unos casos, por reducir la legítima a la estricta en beneficio de los restantes herederos, o, en otros, fundamentalmente, en aquellos en los que el testador disponga de un patrimonio de naturaleza indivisa o lo conveniente sea mantener la indivisión, estableciendo pactos que aseguren su pervivencia mediante la adopción de acuerdos sobre la herencia futura o mediante formas más flexibles que faciliten que el individuo tenga un mayor margen de autonomía para poder gestionar el destino de sus bienes más allá de su vida.

Finalmente, tampoco se puede olvidar que, esta necesidad de reformar el sistema sucesorio para admitir la sucesión paccionada es acorde con el reconocimiento normativo en diversos territorios que cuentan con un derecho civil propio, y con el Reglamento Sucesorio Europeo 650/2012, que con una definición amplia de pacto sucesorio en su art. 1 b), pone de manifiesto el deseo existente por parte de la UE de unificar los modelos sucesorios y de ampliar la libertad de testar, y junto a ello, la necesidad de facilitar mecanismos que permitan la perduración de los negocios familiares evitando su división entre los descendientes, como se viene reiterando desde la celebración del Fórum Europeo sobre Transmisión de Empresas en mayo de 2006, que ya recomendó la sucesión contractual como mecanismo para facilitar la transmisión de empresas. A esta tendencia proclive a su permisión se sumarían por último las reformas operadas en determinados países, tradicionalmente contrarios a su admisión, como Italia o Francia, que han modificado su sistema jurídico para integrarlos como nuevo instrumento jurídico formal de manifestación de la libertad dispositiva.

El art. 1056 CC introdujo una mejora respecto a la situación regulada anteriormente al permitir que el empresario pueda organizar su sucesión del modo más acorde con sus intereses personales y empresariales, suponiendo un claro avance permitir el pago de la legítima en metálico al sucesor a quien el testador haya atribuido la explotación de la empresa familiar, con dinero extrahereditario y en un plazo de cinco años. Sin embargo, sigue resultando insuficiente para asegurar el mantenimiento y la conservación de muchas empresas familiares, concretamente para que el fundador planifique la sucesión de su explotación o para vencer resistencias que surjan ante la necesidad de abandonar los puestos ostentados hasta ese momento por ser más conveniente para los intereses de la empresa; de incorporar nuevos gestores no familiares a la dirección de la explotación; para solventar posibles conflictos financieros derivados del cambio generacional o, en definitiva, para garantizar que el sucesor de la empresa sea el mejor y el más competente gestor o administrador, aunque no forme parte de su ámbito familiar, que bien podría ajustarse en vida del causante a través de su ordenación en los correspondientes pactos sucesorios si ello no estuviese prohibido. Dicha manifestación debería complementarse además con el argumento de que esa partición tiene que realizarse tras el fallecimiento del causante cuando lo más conveniente sería que el empresario pudiera en vida conocer y ver cómo se realiza este tránsito sucesorio y pactar con los propios sucesores la forma de realizar la sucesión, que lo deseable es que previamente queda expresada en una serie de pautas y criterios recogidos en el protocolo familiar. Por ello, en este ámbito, la sucesión contractual sería el instrumento más adecuado para facilitar la continuidad de la empresa familiar, al designar de forma irrevocable al sucesor, al margen del protocolo familiar y crear certeza y seguridad a las personas designadas.

En cuanto a la sucesión, las normas de derecho común limitan y encorsetan la posibilidad de pactar una sucesión adecuada; por ello, lo más beneficioso sería propugnar el levantamiento de todas las prohibiciones relacionadas con los pactos sobre herencia futura, que permitiría desarrollar un medio eficaz de organización coordinada y escalonada de la sucesión por parte del llamado a suceder al jefe de la empresa, así como facilitar que ambos cónyuges pudiesen otorgar sus últimas voluntades de manera conjunta reconociendo la figura del testamento mancomunado. No obstante, como ambas modalidades no están reconocidas en el Código Civil y sólo permitidas en los derechos forales, lo más recomendable es que el propio testador elija en vida al sucesor que valore más adecuado con arreglo a los mecanismos previstos en la normativa vigente, tal como posibilita el párrafo 2.º del artículo 1056 del Código Civil.

Queda finalmente por referirse a la reforma operada por la Ley 8/2021, de 2 de junio, por la que se reforma la legislación civil y procesal para el apoyo a las personas con discapacidad en el ejercicio de su capacidad jurídica, que modifica determinados preceptos en materia sucesoria con el fin de facilitar al testador que pueda contar con el mayor número posible de instrumentos para beneficiar a sus pariente más próximos con discapacidad.

Esta Ley ha supuesto una importante revisión que afecta a varios ámbitos jurídicos, entre los que se encuentran particularmente afectadas algunas reglas relativas al Derecho de sucesiones. Entre estas es destacable la realizada en materia de sustitución fideicomisaria, modificándose los arts. 782, 808 y 813 CC.

Es común a estas disposiciones su incidencia directa en la legítima con el fin de facilitar a los progenitores que puedan ayudar a sus hijos cuando estén en situación de discapacidad reforzando su estado patrimonial a costa de los restantes legitimarios.

Las modificaciones realizadas afectan principalmente al párrafo 4º del art. 808 CC. Pero, aunque el propósito de esta reforma es muy claro, no puede decirse lo mismo de su redacción que es confusa y que ha llevado a más de un autor a desaconsejar su utilización. A ello se suma, como la doctrina ha puesto de relieve, que hay cuestiones que han quedado sin resolver. Así, se señala que no ha quedado resuelto el problema de determinar si está obligado a prestar inventario y fianza; concretar en qué consiste su deber de conservar los bienes recibidos, si caben posibles excepciones y, en su caso; su responsabilidad; su actuación frente a las deudas y cargas de la herencia. También olvida plantear si se puede pagar la legítima en metálico o si el hermano con discapacidad podría llegar a un acuerdo para cancelar su gravamen. Y, respecto a los sujetos afectados, buena parte de la doctrina ha criticado que se haya hecho una reforma parcial porque no ha tenido en cuenta, ni la situación de los ascendientes, ni la del cónyuge si se hallaren en situación de discapacidad dado que, tras la reforma, solo pueden ser fiduciarios los hijos que se hallaren en situación de discapacidad

El ordenamiento jurídico contiene ya algunas medidas que, ante determinados casos, permiten flexibilizar el sistema legitimario actual, encaminadas a proteger al cónyuge viudo, mantener indivisa la explotación familiar y, ahora, a favorecer a los parientes con discapacidad. Cuenta asimismo con la pluralidad legislativa en el ámbito civil, que abarca diversos sistemas con legítimas, que oscilan desde las más amplias, a otras cortas que tienen la consistencia de un simple derecho de crédito; desde legitimas individuales a legitimas colectivas, renunciables por los potenciales beneficiarios aun en vida del causante, a otras que solo pueden serlo tras su fallecimiento. Incluso algunos regímenes con derecho civil propio contienen una ausencia casi absoluta de restricciones legitimarias, ya que se reconoce la plena libertad de testar y contemplan otros instrumentos que fomentan la libertad de disposición del testador.

No obstante, dicha reforma no ha servido para realizar una revisión o actualización de la regulación de la sucesión forzosa en el derecho civil común, a pesar de que, con anterioridad a su publicación, ya la Orden de 4 de febrero de 2019, encomendó a la sección de derecho civil de la comisión general de codificación el estudio de los regímenes sucesorios de legítimas y libertad de testar, con el fin de adaptar las normas jurídicas que disciplinan la sucesión por causa de muerte a las nuevas necesidades derivadas de los cambios sociales, y, muy especialmente, a los cambios producidos en las relaciones familiares.

En todo caso, dicha Orden cuenta ya con unas buenas herramientas, amén de todas las opiniones doctrinales que se han vertido pronunciándose a favor o en contra del sistema actual. Es una buena ocasión para analizar las ventajas que atesoran los derechos civiles de las CCAA que cuentan con su propia regulación, más flexibles y abiertos a los problemas de la sociedad actual. Esperemos que todas esas circunstancias se aprovechen y afloren en una regulación acorde con las necesidades y deseos de las personas al testar y coherente con la situación de su entorno familiar más próximo.

V. Bibliografía

AAVV. Derecho societario, derecho privado y empresa familiar. (José Luís Pérez Serrabona Gónzalez, dir.), Aranzadi, Cizur Menor (Navarra), 2024.

ALVENTOSA DEL RÍO, J. "Reformas en derecho de sucesiones", La discapacidad: una visión integral y práctica de la Ley 8/2021, de 2 de junio, Tirant lo Blanch, Valencia, 2022.

ALPAÑES, E., "La delegación de la facultad de mejorar". Revista general de legislación y jurisprudencia, núm. 3, marzo 1953, pp. 273-331.

ASOCIACIÓN DE PROFESORES DE DERECHO CIVIL. Propuesta de Código Civil, Tecnos, Madrid 2018. Con anterioridad, SÁNCHEZ ARISTI, R., "Propuesta para una reforma del Código Civil en materia de pactos sucesorios", en Derecho de sucesiones. Presente y futuro. XII Jornadas de la Asociación de profesores de Derecho Civil. Servicio de publicaciones de la Universidad de Murcia, 2006, p. 477 y ss.

ASÚA GONZÁLEZ, C.I., "Delegación de la facultad de ordenar la sucesión ex art. 831 CC y plazo para recibir la legítima estricta. comentario a la STS de España", Revista Boliviana de Derecho, núm. 293/2019, de 24 de mayo (RAJ 2019, 2113), núm. 29, enero 2020, pp. 502-511.

BARBA, V., "Capacidad para otorgar testamento, legitimarios y protección de la persona con discapacidad". La Ley. Derecho de familia, núm. 31, julio 2021.

BARBA, V., "El art. 12 de la Convención sobre los derechos de las personas con discapacidad de nueva york, de 13 de diciembre de 2006", La discapacidad: una visión integral y práctica de la Ley 8/2021, de 2 de junio, Tirant lo Blanch, Valencia, 2022.

BARBEITO ROIBAL, S., GUILLÉN SOLÓRZANO, E., MANUEL MARTÍNEZ CARBALLO, M., DOMÍNGUEZ FEIJÓO, G. "El criterio de elección del sucesor en las empresas familiares gallegas". Revista Galega de Economía, vol. 15, núm. 2, 2006, pp. 1-16.

BARCELÓ DOMÉNECH, J., "Abandono de las personas mayores y reciente doctrina del tribunal supremo español sobre la desheredación por causa de maltrato Psicológico, Actualidad Jurídica Iberoamericana, núm. 4 febrero 2016, pp. 289-302.

BAYOD LÓPEZ, C., La sucesión paccionada en la Ley aragonesa de sucesiones por causa de muerte (Reflexiones y comentarios). RDCA, núm. 1, 2000, pp. 37-98.

BERMEJO PUMAR, M.M., El artículo 831 del Código civil. Su compatibilidad en el sistema de mejoras sucesorias. (La mejora a favor del cónyuge). Madrid 2001.

BERNAD MAINAR. B., "Incidencia de la ley 8/2021, sobre las personas con discapacidad, en algunos aspectos del derecho de sucesiones: porción legítima, aceptación y repudiación de herencia, colación y partición", Revista de Derecho Civil, núm. 1, enero-marzo, 2024, pp. 241-279.

BLASCO GASCÓ, F. de P., La mejora irrevocable: (análisis de la mejora ordenada por capitulaciones matrimoniales o por contrato oneroso celebrado con un tercero), Tirant lo Blanch, Valencia 1990.

BLASCO GASCÓ, F. de P. Instituciones de Derecho civil. Derecho de sucesiones. 5ª ed. Tirant lo Blanch, Valencia 2022.

BOLÁS ALFONSO, J., "El artículo 831 del Código Civil: una norma del siglo XXI", Revista jurídica del notariado, núm. 86-87, abril-junio, julio-septiembre 2013, pp. 67-96.

BOTELLO HERMOSA, P., "El nuevo artículo 808 del Código Civil y la posibilidad del testador de disponer de la legítima en favor de las personas con discapacidad", Vulnerabilidad patrimonial: retos jurídicos. (María Victoria Mayor del Hoyo, Sofía de Salas Murillo, dirs.). Aranzadi, Cizur Menor (Navarra), 2022.

BOTELLO HERMOSA, P., Mecanismos mortis causa de protección de las personas con discapacidad. Olejnik, Chile, 2021.

BOTELLO HERMOSA, P., "Motivos jurídicos para cuestionarnos si el testador puede dejarle toda la legítima estricta a un descendiente legitimario con discapacidad", Revista de Derecho UNED, núm. 33, 2024, pp. 77-109.

CABEZUELO ARENAS A. L., "El fideicomiso de residuo del art. 808.IV CC: Cambio de condiciones subjetivas del fiduciario", Revista Aranzadi Doctrinal 2021, núm. 8.

CÁMARA LAPUENTE, S., "Comentario al artículo 782 del Código Civil", Comentarios al Código Civil. (Ana Cañizares Laso, dir.). T. III, (Arts. 744 a 1155), Tirant lo Blanch 2023.

CÁMARA LAPUENTE, S., "Comentario al artículo 831 del Código Civil", Comentarios al Código Civil. (Ana Cañizares Laso, dir.). T. III, (Arts. 744 a 1155), Tirant lo Blanch 2023.

CAPILLA RONCERO, F., "Comentario al art. 1704 CC", en Comentarios al Código civil y compilaciones forales. (Artículos 1665 a 1708 del Código Civil), Tomo XXI, Vol. 1, dirigidos por Manuel Albaladejo. Edersa, Madrid, 1986.

CARBALLO FIDALGO. M.,"Comentario al art. 1056 CC". Código Civil Comentado. Volumen II [Libro III - De los diferentes modos de adquirir la propiedad (Arts. 609 a 1087)]. 2ª ed., mayo 2016,

CASTÁN VÁZQUEZ, J.M., "Notas sobre la sucesión contractual en el Derecho español", ADC, 1964, pp. 367 y ss.

CERDÁ ALBERO, F., "La successió en la empresa familiar". El nou dret successori del codi civil de Catalunya: materials de les Quinzenes Jornades de Dret Català a Tossa, Tossa de Mar, 25 i 26 de setembre de 2008, 2009, pp. 181-206.

CERDÁ GIMENO, J. Pactos Sucesorios. Tirant lo Blanch, Valencia, 2009. La prohibición de la sucesión contractual. Tirant lo Blanch, Valencia, 2008.

CERVILLA GARZÓN, M.D., "La sustitución fideicomisaria y la protección de las personas con discapacidad", Un nuevo orden jurídico para las personas con discapacidad, Guillermo Cerdeira Bravo de Mansilla, Manual García Mayo, dirs), Wolters Kluwer, Madrid 2021, pp. 690-705.

COBAS COBIELLA, M.E., "El sistema legitimario español. Una nueva configuración en orden a los nuevos modelos familiares", Actualidad Jurídica Iberoamericana, núm. 17 bis, diciembre 2022, pp. 2404-2431.

COSTAS RODAL, L., Autonomía y apoyo de la persona con discapacidad en el ámbito sucesorio tras la Ley 8/2021. Tirant lo Blanch, Valencia 2024.

CUQUERELLA MIRALLES, P., "Los pactos sucesorios de transmisión de presente de bienes y el ámbito de aplicación del Reglamento europeo en materia de sucesiones "mortis causa" con repercusión transfronteriza". *Actualidad Jurídica Iberoamericana,* núm. 20 bis, junio 2024, pp. 418-429.

DE AMUNÁTEGUI RODRÍGUEZ, C., "Treinta y nueve. Se suprime el tercer párrafo del artículo 808 CC, pasando el actual cuarto párrafo a ocupar el tercer lugar, y se añaden a continuación dos nuevos párrafos". Comentarios a la Ley 8/2021 por la que se reforma la legislación civil y procesal en materia de discapacidad. Aranzadi, Cizur Menor (Navarra), 2021.

DE BARRÓN ARNICHES, PLA MATEU, R., "El pacto sucesorio de atribución particular: un mecanismo eficaz de transmisión de la empresa familiar", Revista de contabilidad y dirección, Vol. 22, año 2016, pp. 45-83.

DEL POZO CARRASCOSA, P., "Pactos sucesorios en Cataluña", en Tratado de derecho de sucesiones. (Mª del Carmen Gete-Alonso y Calera (dir), T.I, Thomson Reuters, Cizur Menor (Navarra), 2011.

DELGADO ECHEVERRÍA, J., "Una propuesta de política del derecho en materia de sucesiones por causa de muerte", en Derecho de sucesiones. Presente y futuro. (XII Jornadas de la Asociación de Profesores de Derecho Civil), Servicio de publicaciones. Universidad de Murcia, 2006, pp. 13-172.

DELGADO SAEZ, J., "Protección de la persona con discapacidad a través del fideicomiso de residuo", Actualidad Jurídica Iberoamericana, núm. 20 bis, junio 2024, pp. 430-44.

DEPARTAMENTO DE FISCALIDAD Y EMPRESA F. GARRIGUES, ABOGADOS Y ASESORES TRIBUTARIOS. "La sucesión en la empresa familiar", http:www.laempresafamiliar.com/web/fiscalidad/f_sep_2003_02_p.html.

DÍAZ FUENTES, A., "Excepciones legales al personalismo de las disposiciones mortis causa: II, sobre el artículo 831 del Código civil". ADC, vol. 18, núm. 4, 1965, pp. 877-910.

DÍEZ PICAZO, L., GULLÓN BALLESTEROS, A., Sistema de derecho civil. Derecho de familia. Derecho de sucesiones. V. IV, 6ª ed. Tecnos, Madrid 1992, p. 507.

DOMÍNGUEZ LUELMO, A., "La reforma del derecho de sucesiones en la ley 8/2021: derecho sustantivo y derecho transitorio", El nuevo derecho de las capacidades, Wolters Kluwer, Madrid, 2022.

DOMÍNGUEZ LUELMO, A., "Comentario al artículo 1056 del Código Civil". Comentarios al Código Civil. (Ana Cañizares Laso, dir.). T. (Arts. 744 a 1155), Tirant lo Blanch 2023.

DOMÍNGUEZ LUELMO, A., "La transmisión unitaria de la empresa familiar y la partición hereditaria", Retos del Derecho de sucesiones en el siglo XXI. V. I., (Adrián Arrébola Blanco, dir.). Reus, Madrid, 2023, pp. 371-415.

DONADO, A. "Recientes novedades en materia de discapacidad y derecho de habitación", Actualidad Jurídica Iberoamericana, núm. 19, agosto 2023, pp. 160-199.

EGEA FERNÁNDEZ, J., "Protocolo familiar y pactos sucesorios", InDret núm. 3, 2007. BARRÓN LÓPEZ, M. C., "Reflexiones sobre el protocolo familiar jurídico", Revista Boliviana de Derecho, núm. 30, julio 2020, pp. 622-639

ESPEJO LERDO DE TEJADA, M., La sucesión contractual en el Código Civil. Secretariado de publicaciones de la Universidad de Sevilla, 1999, cita núm. 3.

ESPEJO LERDO DE TEJADA, M., "La reforma del Código Civil por la Ley de la Sociedad Limitada de la Nueva Empresa", en Homenaje al profesor Lluis Puig i Ferriol. Juan Manuel Abril Campoy, María Eulalia Amat Llarí (Coords), Vol. 1, 2006.

ESPEJO LERDO DE TEJADA, M., "Comentario al art. 1056 CC". Comentarios al Código Civil, (Rodrigo Bercovitz Rodríguez Cano, dir.), T. V., Tirant lo Blanch, Valencia 2013.

ESPEJO LERDO DE TEJADA, M., "Comentario al artículo 808 del Código Civil", Comentarios al Código Civil. (Ana Cañizares Laso, dir.). T. (Arts. 744 a 1155), Tirant lo Blanch 2023.

ESPEJO LERDO DE TEJADA, M., "La libertad de testar y la función de las legítimas". Autonomía privada, familias y herencia, (María Ángeles Egusquiza Balmaseda, Guillermo Cerdeira Bravo de Mansilla, dirs.), Colex, A Coruña 2024.

ESPIÑEIRA SOTO, I.," Reflexiones prácticas sobre el artículo 831 del Código Civil", notariosyregistradores.com, 21/05/2016.

FERNÁNDEZ DE BILBAO, J.J., "Sobre la equivalencia de la fiducia del art. 831 CC a las delegaciones sucesorias autonómicas". Actualidad Civil, núm. 3, marzo 2021.

FERNÁNDEZ MALDONADO, M.A., "La insoportable legitima sucesoria del Código Civil", notariosyregistradores.com, 24/05/2023.

FERRER VANRELL, P., "Los Protocolos Familiares y la Ley balear 22/2006, de 19 de diciembre, como factores determinantes del resurgir de los pactos sucesorios", Actualidad civil, núm. 12, 2009.

FERRER VANRELL, Mª P., CARDONA GUASP, O.P., "Los pactos sucesorios en la Compilación de Derecho Civil de Las Illes Balears", en Tratado de derecho de sucesiones. (Mª del Carmen Gete-Alonso y Calera (dir), Thomson Reuters, Pamplona, 2011.

FONT I SEGURA, A., "La ley aplicable a los pactos sucesorios", InDret, mayo 2009, p. 4.

GALLEGO DOMÍNGUEZ, I., "Relevo generacional y transmisión "mortis causa" de la empresa familiar en el Derecho español", Revista electrónica de direito, junio 2020, núm. 2, (vol. 22), 2020, p. 38.

GALLEGO DOMÍNGUEZ, I., Cuestiones civiles y mercantiles en la empresa familiar. Madrid. La Ley Wolters Kluwer, septiembre 2022.

GARCÍA GOYENA, F., Concordancias, motivos y comentarios del Código civil español, Madrid 1974, p. 529.

GARCÍA RUBIO, M.P., "La reformulación por la Ley 41/2003 de la delegación de la facultad de mejorar", ADC, t. LXI, 2008, fasc. I, pp. 57-112.

GARCÍA RUBIO, M.P., "Pactos sucesorios en el Código Civil. En la Ley de Derecho de Galicia", (Mª del Carmen Gete-Alonso y Calera (dir), Thomson Reuters, Pamplona, 2011.

GARRIDO DE PALMA, V., "Actualidad de la fiducia sucesoria del artículo 831 del Código Civil", Revista Jurídica del Notariado, núm. 83, 2012, pp. 353-372.

HERRERO OVIEDO, M., "Pactos sucesorios en el Código civil. En la Ley de derecho de Galicia", en Tratado de derecho de sucesiones, (Mª del Carmen Gete-Alonso y Calera (dir), Thomson Reuters, Pamplona, 2011.

HUERTA TRÓLEZ, A., "La empresa familiar ante el fenómeno sucesorio", Revista Jurídica del Notariado, núm. 50, 2004, p. 120.

IMAZ ZUBIAUR, L., "Pactos sucesorios en el País Vasco", en Tratado de derecho de sucesiones, (Mª del Carmen Gete-Alonso y Calera (dir), Thomson Reuters, Pamplona, 2011.

LACRUZ BERDEJO, J.L., Derecho de sucesiones, V.I., Ed. Bosch, Barcelona 1976.

LACRUZ BERDEJO, J.L., SANCHO REBULLIDA, FR., "Derecho de sucesiones", Elementos de derecho civil, V, Bosch, Barcelona, 1981.

LLOPIS GINER, J. M., "La libertad del testador, su facultad de partir, comentario al nuevo artículo 1056.2.° del Código Civil". (María José Reyes López Coord.). La empresa familiar: encrucijada de intereses personales y empresariales, Aranzadi, Pamplona, 2004.

LÓPEZ BELTRÁN DE HEREDIA, C., "El artículo 831 del Código civil", ADC, vol. 58, núm. 3, 2005, pp. 1115-1152.

LORA-TAMAYO RODRÍGUEZ, I., La partición practicada por el testador y la adjudicación de la herencia existiendo legitimarios. El Notario del Siglo XXI, núm. 62, 2015.

LORA-TAMAYO RODRÍGUEZ, I., "Sustitución fideicomisaria en favor de personas con discapacidad", Revista jurídica del notariado, núm. 116, enero-junio, 2023, pp. 11-58.

LUQUIN BERGARECHE, R., "Pactos sucesorios en Navarra", en Tratado de derecho de sucesiones, (Mª del Carmen Gete-Alonso y Calera (dir), Thomson Reuters, Pamplona, 2011.

MAGARIÑOS BLANCO, V., "Defensa de la libertad de testar", Anales de la academia nacional de derecho y ciencias sociales de Córdoba, tomo LIV, 2015-2016, pp. 239-255.

MARÍN CALERO, C., La herencia a favor de un hijo con discapacidad intelectual. Tirant lo Blanch, Valencia 2022.

MARIÑO PARDO, F., "Algunas cuestiones generales sobre la fiducia sucesoria o delegación de la facultad de mejorar del artículo 831 del Código Civil. La Sentencia de la Audiencia Provincial de Madrid de 30 de diciembre de 2015". Blog de derecho privado, desde la óptica notarial y registral. 8 de junio de 2017.

MARIÑO PARDO, F., "El testamento de la persona con capacidad modificada judicialmente: el artículo 665 del Código Civil. El caso del sujeto a curatela. La cuestión en las legislaciones forales. Las Sentencias del Tribunal Supremo de 15 de marzo de 2018 y de 15 de junio de 2018", Iuris prudente, 4 septiembre 2018.

MARTÍN SANTISTEBAN, S., "Reforma civil en materia testamentaria para el apoyo a personas con discapacidad", Revista de Derecho Patrimonial, núm. 57, enero-abril 2022.

MARTÍNEZ VELENCOSO, L.M., "Comentario al art. 1704 CC", Código civil comentado. Vol. IV, (Cañizares Laso, A., De Pablo Contreras, P, Orduña Moreno, J., Valpuesta Fernández, R., dir). Cívitas, 2ª ed. Madrid 2016.

MESA MARRERO, C., "Pactos con trascendencia sucesoria en la sociedad civil", ADC, 2014, pp. pp. 895-929.

MIGUÉLEZ DEL RÍO, C., "La empresa familiar y la sociedad legal de gananciales y su sucesión", Pecvnia, núm. 12 (enero-junio, 2011), pp. 71-89.

MINGORANCE GOZÁLVEZ, C., "La fiducia sucesoria y la empresa familiar. La utilidad del artículo 831 del Código Civil", Cuestiones civiles y mercantiles en la empresa familiar. (Ignacio Gallego Domínguez, coord..), La Ley, Madrid 2022, pp. 303-322.

NAVARRO FERNÁNDEZ, J.A., Introducción al derecho agrario. Régimen jurídico de las explotaciones agrarias. Valencia, Tirant lo Blanch, 2005.

OLMEDO CASTAÑEDA, F.J., "Prohibición de los pactos sucesorios en el Derecho común: cuestionamiento de su ratio legis. Propuesta para su admisibilidad". ADC, T. LXXII, 2019, fasc. II, pp. 447-484.

ORTEGA DOMENECH, J., "Constitución de una sustitución fideicomisaria a favor de heredero con discapacidad sobre el tercio de legítima estricta: cuestiones y problemas a la luz de la reforma introducida por la Ley 8/2021, de 2 de junio", Modificaciones sucesorias, discapacidad y otras cuestiones. Una mirada comparativa, (Mª Patricia Represa Polo, coord.), Reus, Madrid 2022.

PALAZÓN GARRIDO, M.L., "La conservación de la empresa familiar a través de la facultad contemplada por el nuevo artículo 1056, párrafo segundo del Código Civil". Protección del patrimonio familiar. Sánchez Calero, J., García Pérez, R. (Coords). Tirant lo Blanch, Valencia, 2006.

PARRA LUCÁN, M.A., "Legítimas, libertad de testar y transmisión de un patrimonio", AFDUDC, 13, 2009, 481-554.

PAZ-ARES RODRÍGUEZ, J. C., "La cuestión de la validez de los pactos parasociales", Actualidad jurídica Uría Menéndez, núm. extra 1, 2011, págs. 252-256;

PAZ-ARES RODRÍGUEZ, J. C., "La validez de los pactos parasociales", Diario La Ley, núm. 7714, 2011.

PELAYO HORE, S., "Los pactos sucesorios en la Compilación de Aragón", ADC, núm. 4, 1967, pp. 820-866.

PÉREZ VELÁZQUEZ, J.P., "Sobre la exigua utilización del artículo 831 del Código civil. Aporías de su actual redacción", ADC., t. LXXII, 2019, fasc. III, pp. 1133-1202.

PUIG BRUTAU, J., «El testamento del empresario». Medio siglo de estudios jurídicos. Tirant lo Blanch, Valencia, 1997, pp. 349-371.

QUESADA SÁNCHEZ. A.J., "El acceso a la justicia de las personas con discapacidad en tiempos de judicialización: Análisis desde el derecho civil". La discapacidad en la jurisdicción civil. (Sonia Calaza López, Mercedes Llorente Sánchez Arjona, Vicente Guzmán Fuja, dirs.), Dykinson, Madrid 2023

RAGEL SÁNCHEZ, L.F., "Comentario al art. 844 CC", Comentarios al Código Civil, (Rodrígo Bercovitz Rodríguez Cano, dir.), T. V., Tirant lo Blanch, Valencia 2013.

RAMS ALBESA, J., "Comentario al art. 1.271 Código Civil", Comentarios al Código Civil y Compilaciones Forales, t. XVII, 1º, B, Edersa, Madrid 2004.

REAL PËREZ, A., Intangibilidad cualitativa de la legítima. Cívitas, Madrid, 1988.

REBOLLEDO VARELA, A. L., "Partición por el testador: redacción del testamento e interpretacion de la voluntad manifestada (una perspectiva práctica a la luz de la jurisprudencia)", Actualidad Jurídica Iberoamericana, núm. 20, febrero 2024, pp. 766-789.

REQUEIXO SOUTO, X. M., "Pactos de atribución particular post mortem. Ámbito del artículo 1271, ap. 2.º, del Código civil", ADC, tomo LXV, 2012, fasc. IV pp. 1745-1782.

REYES LÓPEZ, M. J., «La Ley 7/2003, de 1 de abril, de la Sociedad Limitada, Nueva Empresa y la empresa familiar». A.C. núm. 28, 7 al 13 de julio de 2003.

REYES LÓPEZ, M. J., "Necesidad de una perspectiva del pacto sucesorio". Dolencias del derecho civil de sucesiones: 130 años después de la aprobación del Código Civil español. Pilar María Estellés Peralta (dir.), 2022, pp. 529-580.

REYES LÓPEZ, M. J., "El art. 831 del Código Civil. Un precepto útil". Autonomía privada, familiar y herencia, María Ángeles Egusquiza Balmaseda, Guillermo Bravo de Mansilla, (coords.), Colex, 2024, A Coruña, pp. 241-264.

RIVERA FERNÁNDEZ, M., "Comentario al artículo 821 del Código Civil", Comentarios al Código Civil, Ana Cañizares Laso, dir.), Tirant lo Blanch, Valencia, 2023.

RIVAS MARTÍNEZ, J.J., Derecho de sucesiones común y foral, T. II, 4ª ed., Dykinson, Madrid 2009, p. 1610 y ss.

RIVAS MARTÍNEZ, J.J., "Supuesto de legitimario que exige, al fallecimiento del testador, el pago inmediato de su legítima estricta". El notario del siglo XXI, núm. 56, 2014.

ROCA SASTRE, R.M., "La sucesión contractual en Derecho común y en las legislaciones forales", Estudios de Derecho Privado, II, Madrid 1948, p. 400.

ROCA TRÍAS, E., "La libertad de testar: entre constitución y familia", AFDUAM 24, 2020.

ROJANO MARTÍN, N., "Comentario al artículo 813 del Código Civil", Comentarios al Código Civil. (Ana Cañizares Laso, dir.). T. III, (Arts. 744 a 1155), Tirant lo Blanch 2023.

RUEDA ESTEBAN, L., "Algunos aspectos sobre el ejercicio de la comisión o encargo hecho en virtud del artículo 831 CC: ejecución de la delegación y de la fiducia". Revista Jurídica del Notariado, núm. 85, enero-marzo 2013, pp. 325-404.

RUEDA ESTEBAN, L., "La facultad de mejora y distribución de la herencia concedida entre cónyuges". Tesis doctoral dirigida por Silvia Díaz Alabart y María Teresa Álvarez Moreno. Universidad Complutense de Madrid, 2014.

RUEDA ESTEBAN, L., "El artículo 831 del Código Civil" (en el Patrimonio familiar, profesional y empresarial; sus protocolos. (Vicent Chuliá, Garrido Melero y Fernando Estevill, dirs), Bosch, Barcelona, pp. 155 a 204.

RUEDA ESTEBAN, L., "La reforma del párrafo 2º del artículo 1.056 del Código Civil". AAMN, t. 44, 2006.

RUEDA ESTEBAN, L., "Organización de la sucesión ante la postura del Código civil frente a los pactos sucesorios", Revista jurídica del Notariado, núm. 106, 2018.

ROMERO-GIRÓN DELEITO, J., «El nuevo artículo 831 Ce. La fiducia sucesoria. Una aplicación práctica», Revista Jurídica del Notariado, núm. 57, enero-marzo 2006, pp. 221-232.

SÁNCHEZ ARISTI, R. Dos alternativas a la sucesión testamentaria: pactos sucesorios y contratos «post-mortem». Comares, Granada, 2003.

SECO CARO, E., La partición y mejora encomendadas al cónyuge viudo. (Estudio sobre el artículo 831 del C.c. español). Bosch, Barcelona, 1960.

SEDA HERMOSIN, M. A. "Facultad de fiducia sucesoria del artículo 831 del Código Civil". Revista de la Academia Sevillana del Notariado. T. XV, 2006, pp. 263-279.

SIERRA PÉREZ, I., "La fiducia sucesoria en derecho común: El artículo 831 del Código Civil (LEG 1889, 27) en la Ley 41/2003, de 18 de noviembre (RCL 2003, 2695)", Revista Aranzadi de derecho patrimonial, núm. 19, 2007, pp. 89-124.

TORRES GARCÍA, T.F., "Legítima. Legitimarios y libertad de testar (síntesis de un sistema)", Derecho de Sucesiones. Presente y futuro, XII Jornadas de la Asociación de Profesores de Derecho Civil, Servicio de Publicaciones de Murcia, 2006, pp. 173- 227.

VAQUER ALOY, A., Libertad de testar y libertad para testar. Olejnik, 2018.

VALLET DE GOYTISOLO, J., "Comentarios a los arts. 806 y ss.". Comentarios al Código Civil y Compilaciones Forales, dirigidos por M. Albaladejo, T. XI., arts. 806 a 857 del Código Civil. Edersa, Madrid 1982.

VERDERA SERVER, R., Contra la legítima. Real Academia Valenciana de Jurisprudencia y Legislación, cuaderno núm. 94, 2021.

VIVES VELO DE ANTELO, M. P., "Fortalecimiento de la posición del cónyuge viudo: artículo 831 del código civil español", Actualidad jurídica iberoamericana, núm. 12, febrero 2020, pp. 796-817.

URRUTIA, A., La fiducia sucesoria, ¿una institución con futuro? LegalToday, 1 abril 2008.